亡くなった人が、あなたに知ってほしい40の真実

スピリチュアルテラー　サトミ

幻冬舎

はじめに

私は「スピリチュアル テラー（届ける人）」として活動しています。

普段は京都をベースにしていますが、相談者から依頼があると全国各地へおもむき、セッションのなかで、亡くなった人などから届くメッセージを伝えています。

メッセージだけでなく、その人の姿や〝あの世〟での様子が映像としてみえてくることもあります。そのときは姿形だけでなく、着ている服や手にしているもの、表情や雰囲気なども、みえたままをお伝えしています。

私にみえるあの世には川があり、亡くなった人の多くは、生まれ変わりを待ちながら、川のほとりを歩いています。のちほど詳しくお話ししますが、亡くなった人は100年前後歩いたのちに生まれ変わり、新しい命を生きることになるようです。

あの世に行くと、今度は未来へ向かって歩き出すのです。

しかし、ひたすら前に進むだけではありません。

ときおり、この世の様子をうかがいにきたり、私たちに何かを伝えようとしたり。なかには立ち止まって、勉強に没頭している人もいます。

先に亡くなった妻を夫が探し出し、あの世で再会したというご夫婦もいて、私自身、日々教わることばかりです。

スピリチュアル テラーとして経験を重ねるうちに、亡くなった人からみせてもらえる景色も、ずいぶん広がったように思います。そして、死後のそうしたドラマは、この世を懸命に生き切ってこそ訪れる、というしくみもわかってきました。


子どもの頃は、普通の人には聞こえない声や、みえないものがみえるたび、全部母親に伝えていましたが、信じてもらえず、「思いつきで、そんなこと言うたらあかん」としょっちゅう怒られていました。

あとから母に聞くと、近所の家の窓を指さし「あの家の誰かが死ぬで」と私が言った数日後に元気そうだった家族の一人が突然亡くなったり、テレビに出ている著名人をみて「この人、危ないわ」と言うと直後に亡くなったりして、この子はちょっと不気味なところがあるとは思っていたそうです。

だからといって、母はそれが特殊な能力だとは思いもせず、ついには私のことを思い込みの激しい性格だと考え、「あんたは神経質で、人のことばっかり気にしすぎや」と、よく注意されるようになりました。

そんな経験もあって、自分に届くことを人前で言うのはいけないことだと封印していた時期もあります。

しかしながら、大人になってその力を再認識し、持って生まれた使命を全《まっと》うするために、スピリチュアル テラーの活動を始めました。

あの世や亡くなった人について深く知るたびに、この世は、本当に不思議なしくみで成り立っているのだと気づかされます。

意味のない出来事は、何一つありません。ですが、意味のある出来事を無意味なものにしてしまう人は、残念ながら少なくありません。

それは、とてももったいないことです。
本書では、亡くなった人が、みなさんに知ってほしいと思っている40の「あの世とこの世の真実」についてお伝えしたいと思います。

2023年3月

スピリチュアル テラー サトミ

亡くなった人が、あなたに知ってほしい40の真実

目次

はじめに　003

第一章
亡くなった大切な人が教えてくれること

真実1　寿命は100％決まっている
死ぬまで一生懸命生きるのが、人間の定め　022
与えられた寿命がごくまれに延びることもある　024
娘の病気を肩代わりした母親　027
死の淵から父を救ってくれた祖母　030

真実2　あの世には生まれ変わるための〝道筋〟がある
亡くなった人は、あの世で川のほとりを歩いている　034
あの世では、一人でいても寂しくない　036

真実3　亡くなった人の言葉は、時間に関係なく届く
15年前の母親の本心を知った娘　039
ケーキを持って登場したスーツ姿の父　042
真実4　亡くなった人は、あの世で家族を見守っている
亡くなった人が口にした反省の言葉　045
真実5　お供えをすると、亡くなった人は喜ぶ
好物を供えることで、死後に仲直りをした夫婦　048
亡くなった人に届きやすいのは〝香り〟があるもの　051
真実6　亡くなった人の〝思い〟は、形見に宿っている
形見を身につけてうれしい気持ちになると、喜ばれる　053
真実7　亡くなった人への後悔は、してはいけない
生きている時間を無駄にしてはいけない　058

真実8　すぐに成仏できない人もいる
成仏のきっかけになる、家族の祈り　061
成仏に長い時間がかかる人もいる　064
愛する人を置いて、あの世へ行けなかったたましい　067
自殺しても成仏する人はいる　070
真実9　この世に生まれなかった赤ちゃんにも役割がある
同じお腹に2度宿った赤ちゃん　074

第二章

不思議な〝夢・音・香り〟は亡くなった人からのメッセージ

真実10　亡くなった人は夢でメッセージを届けてくれる
夢のなかで日に日に近づいてきた母親　080

夢のなかで父が娘に伝えたかったこと 084
真実11 霊現象は亡くなった人がみせてくれる魔法
無人の家で突然、鳴り出したラジオ 088
いろんな方法で亡くなった人は呼びかけている 092
突然、流れる涙にも意味がある 095
真実12 成仏していない人からもメッセージは届く
コーヒーを飲みにくる姉の胸の内 097

第三章 あの世には、今の生き方の〝続き〟がある

真実13 あの世で大切な人と再会することはできる
あの世で再び一緒になった両親 102

第四章

亡くなった人の知られざる力

真実14 この世で叶わなかった夢を追うこともある
先に亡くなった子どもは、当時の姿で歩いている 106
この世での生き方は、あの世にも関係する 108
苦しい人生でも、生き切ることでご褒美をもらえる 110

真実15 亡くなった人は、あの世で自分の人生を振り返る
書くことで過去を振り返ったお父さん 113

真実16 生きているときが華、この世こそがパラダイス
死後の世界では、すべてがぼやけている 117

真実17 亡くなった人は、不思議な力を持つこともある
「お母さんを連れていこうか」と言った父親 120

遺産相続をきっかけにわかった、母の本心　124

真実18　お墓参りを突然やめると、異変が起こることも

手を差し伸べなくなったご先祖さま　127

墓じまいをすると、先祖は怒るのか　130

真実19　死に目に会えないのは、亡くなった人の「強い思い」によることもある

自分の最期をみせたくなかった母親　134

真実20　たちの悪いイタズラをする動物霊もいる

大蛇の霊にとりつかれた別荘　138

動物霊は自分の存在に気づいてもらいたいだけ　142

真実21　自分で災厄を払う方法がある

清浄なエネルギーを浴びに行く　145

悪いエネルギーを寄せつけない秘訣とは　147

第五章

亡くなったペットが伝えたかったこと

真実22 ペットは飼い主の愛情をちゃんと感じている
主人の身代わりになった犬 152
真実23 愛情が重いと、ペットは病気になりやすい
ペットが「気づきのチャンス」を与えてくれる 155
真実24 ペットの遺骨は家に置かないほうがいい
ペットの気持ちと飼い主の気持ちは違う 158
真実25 あの世でペットに会えることもある
愛するペットと川のほとりを歩ける人もいる 161

第六章

〝みえないエネルギー〟が出会いと別れをもたらす

真実26 〝自分の心の支え〟が人に影響を与えることがある
ぬいぐるみに宿った、悲しいたましい 164
真実27 エネルギーのステージが変わると、つき合う人も変わる
人間関係でトラブルが起こる本当の理由 168
傷つけられても、「ありがとう」 171
人生で関係する人には「悪役」も必要 173
真実28 パワースポットへは〝行ってもいいタイミング〟がある
パワースポットで起こったケンカ別れ 177
真実29 自分のエネルギーが整うと、トラブルが減る
規則正しい生活で、乱れたエネルギーは調整できる 181

神社への参拝で、エネルギーを清める　183

真実30　結局、生きている人のエネルギーが一番強い
無意識に生霊を飛ばしてしまうこともある　186

真実31　「過去の自分」を肯定できれば、〝いい縁〟が訪れる
不倫しないと生きていけない人もいる　190

真実32　悪い因縁は、こうして断ち切る
親との因縁を自分で終わらせる方法　193
出会いの障害になっていた父　197
相手に違和感を覚えるときは要注意　200

真実33　夫婦のエネルギーが子どもに影響を与える
子どもは親をうつす鏡　203

第七章

〝みえない力〟に守られて、生きる

真実34 〝みえない力〟に守ってもらえる生き方がある
毎日感謝をすると、みえない世界に届く 208
自分を大切にすると、自分を守るすべてに届く 212
真実35 〝みえない力〟に守られる人はルールをきちんと守っている
当たり前のルールを守る 215
「気遣いができない人」からは運が逃げる 218
「いい人」になる必要はない 221
真実36 〝みえない力〟には、よいものと悪いものがある
邪悪なエネルギーに好かれてはいけない 225
真実37 自分の欠点を自然現象が教えてくれる
冷蔵庫の音が気になって仕方ない 228

「負の連鎖」が止まらないときの対処法　231
真実38　前向きなエネルギーは、よい変化を起こす
初詣は毎年行ったほうがいい　234
真実39　「ていねいに暮らす」それだけで人生はよくなる！
玄関がきれいだと〝いい気〟が入りやすい　237
目の前のものごと一つ一つに心を込める　239
真実40　人生は〝解釈と感謝〟で決まる
人生には必要なことのみが起きる　242
おわりに　246

＊本書に登場するケースは、個人が特定されることのないよう事例の一部を変更しています。
＊著者は現在、一般の方からの相談はお受けしておりません。

装丁　萩原弦一郎（256）
構成　宮嶋尚美
DTP　美創

第一章

亡くなった大切な人が教えてくれること

真実1

寿命は100%決まっている

死ぬまで一生懸命生きるのが、人間の定め

大切な人が亡くなると、残された人は「もっと長く生きてほしかった」「なぜこんなに早く死ななくてはいけなかったのか」と思うでしょう。

しかし、人の命は通常、本人や家族の努力、医師や医療の力などで延ばせるものではありません。

たとえば、がんと診断され、「必ず治る」と信じてあらゆる手を尽くしたり高額な治療を受けたりしても、亡くなってしまう人はいます。また、ある日突然、不慮の事故で命をなくしてしまう人もいます。それが自分にとって大切な人であればなおのこと、理不尽な死を受け入れるのは簡単ではありません。

それでも人には生まれ持った寿命があり、それは、この世に生を享《う》けたときから決

まっているのです。これは代えがたい事実です。

ただし、亡くなることで、すべてが終わるわけではありません。

寿命とは、肉体がこの世に存在する期間のことです。寿命が尽きると、肉体はなくなります。しかし、その人の〝たましい〟は残るのです。


あるセッションのなかで、相談者の亡くなったお母さんから、こんなメッセージが届いたことがあります。

「私は与えられた寿命を精一杯生きて、幸せだった。いい家族にも恵まれて、十分満足しています。心配せずに、あなたができることをがんばりなさい。お母さんは、いつでもあなたのことをみているよ」

それを聞いた相談者は、ポロポロと涙を流しながらも、「母にはもっと長生きしてほしかったと思っていましたが、本人が満足だと言っているなら、私が悔やんでもしょうがないですね。これからは、いつ母にみられても恥ずかしくないように、母からもらった言葉を大事にして生きていきます」と言っていました。

亡くなった人がどれほど大切な存在だったとしても、「これが寿命だったんだ」と思えたら、誰しも、涙を拭いて前に進むことができると思います。そして、亡くなってからも大切な人が自分を見守っていると信じられれば、おのずと生き方も変わってくるはずです。

与えられた寿命がごくまれに延びることもある

Mさんのお母さんは、66歳のとき、がんで亡くなったそうです。セッションで話が出ると、すぐにお母さんがそばにきてくれました。私に向かってほほえみながら、「ここに連れてきてくれてありがとう」とあいさつしてくれます。話し方はおだやかですが、とても喜んでくれているようです。

そのことを伝えると、Mさんは「がんがわかって1年後、あっという間でした。もっと長生きしてもらって、一緒に旅行もしたかったし、おいしいものを食べに行っていろんな話をしたかった」と言います。

すると、お母さんから「本当はもうちょっと早かったんです」と意外な言葉が出てきました。予定では62歳ぐらいが寿命だったそうです。それがなぜ4年も延びたのかたずねると、「苦労しましたから……」と。

「お母さんが、苦労しましたと言ってはりますが、そうなんですか？」

Mさんによれば、お母さんは5人きょうだいの真ん中で、家族7人、にぎやかに暮らしていたそうです。ところが、ある事情から10歳のとき親戚の家に養女に行くことになったとのこと。家族といきなり離れ離れになるショックと悲しみ、親戚とはいえ、自分一人だけ別の家庭に引き取られる心細さは、筆舌《ひっぜつ》に尽くしがたいものがあったはずです。

養父母には大事に育てられたものの、「なぜ私が？」という思いは、大人になっても消えることはなかったそうです。

お母さん自身は、あの世へ行ってから、自分が養女に行く運命だったことを知ったようです。でも、当時はそうとは知らずに、悲しい気持ちをこらえて養父母に尽くし、結婚して子どもを産み、一生懸命育て、そのご褒美《ほうび》で4年長く生きさせてもらえたということでした。「余計に人生をもらえたことも、あの世にきてから知りました」と言っていました。

寿命は100%決まっているといっても、なかにはMさんのお母さんのように、本人のがんばりによって寿命が延びる人もいることを、私自身、教わりました。

この仕事をしていると、相談者から「父に病気がみつかったんですが、あとどれくらい生きられますか?」「サトミさん、私と夫の寿命を教えてください」と聞かれることがあります。

残念ながら、私は寿命はみません。みえたとしても、お伝えしませんと言っています。それは、いつ死ぬのか、そのときを不安に思いながら生きるより、今このときに、いかに集中し、充実させるかに意識を向けてもらいたいからです。

どんな運命が与えられているとしても、死ぬまで一生懸命に生きることがこの世に生きる私たちの使命だと、亡くなった人たちが教えてくれています。

娘の病気を肩代わりした母親

寿命が延びた人がいる一方、とても珍しいケースですが、寿命を縮めて亡くなったという人もなかにはいます。

ある相談者は重い病気を患《わずら》っていましたが、お母さんが亡くなってから日に日によくなり、半年後にはすっかり元気になったそうです。

亡くなったお母さんに私がたずねると、「自分があの世へ行くとき、娘の病気を持っていった」と言います。お母さん自身はあと2、3年の寿命がありましたが、娘さんの病気を治してあげたい一心で、自分の残りの命と引き換えに、娘の回復を天に向かって何度も願ったそうです。

奇跡のような話ですが、そうすることによって娘の命を守ろうとする人もいるのだと、その方のお母さんを通して、私も初めて知りました。

だからといって、同じような願いを持っている人が、みんな思いを遂げられるかといえば、そうではありません。ひと言で言うと、そのお母さんのもともとの生き方がすばらしかったのです。「誰かの役に立ちたい」と、自分がそのときできる一番よい行いを積み重ね、精一杯生きてきたことを、亡くなったご先祖さまがみていて、「だったら協力しよう」と力を貸してくれたようです。

「徳を積む」という言い方がありますが、人知れず努力を積み重ねる生き方をしてきた人の、心からの願いだからこそ、聞き入れてもらえたのだと思います。

このお母さんの場合は、ご先祖さまの力添えで娘の命を助けることができましたが、人によっては守護霊が手伝ってくれることもあります。

守護霊とは、血のつながりで守ってくれるご先祖さまの霊とは違い、たましいのつながりによって守ってくれる存在のことです。

たとえば、人によって音楽の才能が開花したり、美容に詳しかったり、音楽に強く惹《ひ》かれたり、書くことが好きだったりするのは、その人についている守護霊の影響によることもあれば、前世が関係することもあります。

いずれにしても、心からの願いを叶えてもらえるか否かは、その人のこれまでの生き方にかかっていると言って間違いありません。

こうしたケースは、実はペットでも起こりえます。

別の相談者の家では年を取った柴犬を飼っていましたが、その老犬は引っ越しの前日に息を引き取ったと言います。

その方の旦那《だんな》さんが病気になり、治療のために大きな病院の近くに引っ越すことが決まったのですが、あわただしい引っ越しだったため、新しい家には庭がなかったのです。

「あの子は私たちのそういう事情を察して、死ぬ時期を選んだのでしょうか？」と聞かれたので、「そのようですね。でも、成仏して、今はあの世で元気に走り回っていますよ」とお伝えすると、とても安心した顔をされていました。

自分が大切に思う人、あるいはペットが、愛する家族や飼い主のために自分の命を削るというのは、驚きもするし、悲しみもともないます。しかし、そのような選択をする人やペットがいるのも事実です。

それを申し訳なかったと思うか、助けてもらってありがたいと思うかは、人それぞれです。ただ覚えておいてほしいのは、たとえ目にみえなくても、亡くなった人やペットのたましいが家族のそばにいて、いつも見守ってくれているということです。

目にみえない世界は、一人ひとりにいろんなサインを送り届けてくれます。みなさんにも「そんな、まさか」と思うことが起こるかもしれません。

あの世からいったい、どのようなサインが届けられるのか、さらにお話を続けていきたいと思います。

死の淵から父を救ってくれた祖母

先のケースとは異なり、まだ寿命ではないのにあの世に行きかけた人が、この世に押し戻されることもあります。Nさんのお父さんがそうでした。

Nさんは、お父さんの入院先から「5分前に息を引き取った」と知らせを受け、あわててタクシーで駆けつけたそうです。その車のなかで、Nさんはあることを悔《く》いていました。その病院ではインフルエンザ対策のため、もう長くないであろう入院患者であっても、家族は面会や付き添いができず、それらが可能な別の病院への転院を2週間後に控えていたのです。「もっと早くに転院先がみつかっていたら、こんなことにはならなかったのに……」と、茫然《ぼうぜん》自失で病室に向かったと言います。

「ところが病院に到着するや、院長が出てきて、『お父さんは息を吹き返しました』と言うので驚きました」とNさん。

医師によれば、「Nさんからは延命措置はしなくていい、自然に任せてくれと言われていましたが、Nさんへの連絡後も心肺蘇生を続けていたところ、意識が戻りました」ということでした。

生還した日は、意思疎通は難しかったようですが、翌日からは普通に話もできたみたいで、Nさんは実際にこんなことが起きるなんてと、信じられない思いだったそうです。

お父さんが息を吹き返したあと、Nさんをみさせてもらうと、お父さんの母親、つまりNさんのおばあさんがお父さんのそばにいるイメージが届きました。どうやら「まだこっちにきてはいけない」と、お父さんをこの世に押し戻す役目をあずかったようです。

「でも、そんなことってあるんでしょうか？」とNさんも不思議がっていましたが、寿命を全うせずにあの世へ行こうとして、止める力が働いたのはたしかだと思います。

その転院前の病院では、誤嚥《ごえん》性《せい》肺炎を起こしたからと食事も出してもらえず、「点滴ができなくなって栄養を取れなくなったら寿命です」と言われていたそうです。

その後、面会や付き添いができる転院後の病院でも同様のことを言われたので、Nさんは病院に対し、「父が食べたがっているので、私が食べ物を持ってこようと思いますが、何かあった場合は私が責任を取りますので、食べさせてもいいですか？」と許可を取って毎日食べさせたところ、みるみる元気になり、退院されたとのことです。

「結果的に、その2年後に父は亡くなったのですが、亡くなる直前まで元気におしゃべりもできて、本当に充実した親子の時間を持つことができました。もし転院前に亡くなっていたら、私はすごく後悔したと思います」とNさんは言いますが、それはお父さんにとっても同じです。「病室で娘が持ってきたご飯を食べながら、楽しい時間が持ててうれしかった」と、にこやかに話してくれました。

真実2

あの世には生まれ変わるための〝道筋〟がある

亡くなった人は、あの世で川のほとりを歩いている

亡くなった人は、死後の世界で何をしているのでしょうか。

死後の世界というと悲しいイメージを持つ人もいますが、私には「次に生まれ変わるまでを過ごす場所」として届いてきます。

冒頭でもお伝えしましたが、私にみえるあの世には川があり、亡くなった人たちの多くは、生まれ変わりを待ちながら、川のほとりを歩いています。

歩いている人たちの姿は、さまざまです。亡くなった当時の姿で歩いていたり、亡くなる前は歩けなかったり寝たきりだった人が元気に歩いている姿が届くこともあります。

「次に生まれ変わるまでを過ごす場所」は、亡くなった人にとっては未来へ向かうための場所であり、あらたな出発点でもあるのです。

そう理解すると、大切な人の死をただ嘆き悲しむより、「今までありがとう、向こうでも元気にしていてね」と、笑顔で送り出すほうがふさわしいようにも思えます。


では、川のほとりを歩きながら何をしているかというと、その人が生きてきた人生の振り返りをしています。自分がどんな人生を送ってきたか、振り返ることができた人だけが、先に進めるようになっているようです。

歩き続ける期間は１００年前後で、人によって長さは異なります。なぜ生まれ変わるのにそんなに長くかかるのかというと、短い期間で同じ時代に生まれると、同じような学びにしかならないからでしょう。

亡くなった人の足元を流れる川をのぞくと、実は下界（この世）の景色がみえています。そして、この世にいる私たちが亡くなった人の名前を呼んだり、手を合わせたり、お供え物をあげたりすると、その行いがみえないエネルギーとなって、亡くなった人に届きます。

その声やエネルギーに励まされて、川のほとりを歩くスピードが速くなることもあります。すると、その人の生まれ変わるタイミングが早まることもあるようです。

その逆で、亡くなった人もエネルギーを持っていて、私たちを守ってくれることがあります。普段から亡くなった人のことを思い、こまめに声をかけたり、手を合わせたりすると、本当に困ったとき、ご先祖さまや亡くなった人に助けてもらえることがあります。この世とあの世は、相互に影響し合っているのです。

あの世では、一人でいても寂しくない

こういう話をすると、「私には子どもがいないので、年を取ってあの世に行ってから、誰にも手も合わせてもらえずに、寂しい思いをするのでは?」とたずねる人がいます。

しかし、あの世に孤独な人は一人もいません。私には、亡くなられた人同士が、お

互いに「どうしてる？」と声をかけ合う姿も届いてきます。

また先ほどもお伝えしたように、あの世は、次に生まれ変わるまでを過ごす場所です。大半は一人で淡々と川のほとりを歩き続けていますが、この世で感じていた、寝たきりなどの身体的な不自由さからも解放されているので、寂しいと感じることはないようです。

それよりもむしろ、お子さんがいても、自分の仏壇やお墓に見向きもされない人のほうが、あの世でくやしい思いをしているように感じます。それが高じて、子どもたちに嫌がらせをする人もなかにはいるので、「子どもがいるほうがいい」とは一概に言えないのです。


お子さんがいても、いなくても、共通して大切なのは、この世を旅立つときに「自分はこの世で悔いのない生き方をした」と思えることです。

その自信が、死んであの世に持っていく〝冥途《めいど》の土産《みやげ》〟になり、その後、歩いていく足元を照らす燈明《とうみょう》になります。

自分が死んだあと、誰かのお参りや声かけ、お供えに励まされながら、あの世で歩いていくことも、素敵なことです。とはいえ一番大切なのは、自分自身が思いっきり自分の人生を生き切ることなのです。

真実3

亡くなった人の言葉は、時間に関係なく届く

15年前の母親の本心を知った娘

私が亡くなった人を呼ぶと、ほとんどの人があらわれてくれます。1年前に亡くなった人も、30年前に亡くなった人であっても、喜んで登場してくれます。

それは、生きている人だけでなく、亡くなった人も、残してきた家族や大切な人と話したいと望んでいるからです。

私を介してメッセージを伝えたいと、お呼びする前からそばにいて、しゃべりたそうに、うずうずしている人もいます。

Hさんのお母さんも、その一人でした。

死後15年経っても、母親を亡くした寂しさを抱えていたと言うHさん。お会いする

と、すぐにお母さんがきてくれたのがわかりました。そして、亡くなる前の様子を鮮明に話してくれました。

「亡くなる4カ月前、みんなの態度が急に変わったので、自分の死期を悟った」とお母さん。Hさんによれば、がんで開腹手術をしたものの、すでに全身にがんがまわっていて、体力維持のために何もせずにお腹を閉じたということでした。

そして、お父さんやきょうだいとも相談し、そのことをお母さんには伏《ふ》せていたそうです。

「でも、母はそのことを知っていたんですね」とHさん。

お母さんにしてみれば、Hさんが何度も自分の前で涙をこらえようとしていたこと、家にあまり寄りつかなかった息子が訪ねてくるようになったことで、言われなくても死期がわかったそうです。

「でも、みんな演技がうまかったよ」と笑っています。

「お母さんは、死を覚悟していたから、家族の前でみっともないまねはしなかった。あなたが最後まで手を握ってくれていたから、死ぬときも怖くなかった、と言ってはりますよ」

そう伝えた瞬間、Hさんの目から大粒の涙があふれました。

また、お母さんは、「自分が死んでしまうという悲しさより、娘があまりに泣いていたので、かわいそうで仕方なかった。自分自身は親孝行できなかったけど、子どもたちが私を大切にしてくれて、本当にうれしかった」と言います。

「お母さん、とっても喜んではりますよ」と伝えると、Hさんも涙を拭いて、「15年前にはわからなかった母の本心を知ることができて、なんだかすっきりしました」と、心からの笑顔をみせてくれました。

しかし、私を介さなくても、たとえ亡くなった人がみえていなくても、みなさんが亡くなった人を思う気持ちは必ず届いています。

伝えたいことがあれば、お墓に行かなくても、仏壇の前でなくても、場所はどこでもいいので、亡くなった人に話しかけることを、私はいつもおすすめしています。

ケーキを持って登場したスーツ姿の父

Yさんは1年ほど前に最愛のお父さんを亡くされました。このお父さんも、亡くなるまでずっと付き添ってくれたYさんに感謝の思いを伝えようと、私のそばにきてくれました。

口を開いて最初に出てきたのは、娘への「ありがとう」でした。

「最後に入院したとき、いなり寿司におにぎり、いろいろ持ってきてくれてありがとうって言ってはります。毎日、食べきれないぐらい持ってきてくれて、ちゃんとお礼を言ってなかったなって。お父さんのしゃべるテンポ、ゆっくりされてますね？」と言うと、Yさんはクスッと笑って「そうですね、話すスピードはかなり遅いです」と、お父さんの存在を確認してくれたようです。

でも、お父さんが言いたいのは、それだけではないようです。

「これまで親孝行してくれて、ありがとう。自分は親に何もしてあげられなかったのに、娘が精一杯のことをしてくれたことに対して、今さらだけど今日はお礼を言いにきた。それから、こっちにきて、ずいぶん元気になったことを伝えてほしい」と言います。

そのことを話すと、「亡くなる前、骨折で入院してから脚の筋肉が弱って、リハビリをしていたんですが、杖《つえ》がないと歩けなかったんです」とYさん。すると、お父さんが「もうピンピンしているよ」と、ひょうきんに脚を上げてみせてくれました。

生きているときは杖をつき、車いすに乗っていた人も、成仏してあの世へ行くと、たいていは普通にスタスタ歩いています。

また、脳梗塞《のうこうそく》で手や足がマヒした状態で亡くなったり、認知症で亡くなったりすると、ご家族は亡くなる直前の姿を想像してしまいますが、そんなことはありません。もと通りの元気な姿であらわれてくれます。

よく「あの世へ行って歩きにくくないように」と、生前使っていた杖などを棺《ひつぎ》に入れて見送る人がいますが、あの世で杖や車いすを使っている人はいません。

Yさんのお父さんもお元気な様子で、スーツを着てピシッとおしゃれに決めていました。そして、手にはケーキの箱を持っていて、「子どもの頃のように、娘の誕生日祝いをしてやりたくって」と言います。

生前は無口な方だったそうですが、Yさんへの感謝をどうにかして伝えたくて、スーツ姿でケーキを持って会いにきてくれたようです。

Yさんもお父さんの気持ちを受け取ったのか、「父らしいですね」と言いながら、うれしそうにしていました。

真実4
亡くなった人は、あの世で家族を見守っている

亡くなった人が口にした反省の言葉

長年、定期的にセッションにこられていた姉妹がいます。そのお姉さんが病気で亡くなって少し経った頃、妹さんが久しぶりに相談にこられました。

亡くなったお姉さんの息子さんが、30歳を過ぎても定職に就かず、アルバイトも「ここが気に入らない、あそこが嫌だ」と言って、すぐやめてしまうのだそうです。叔母である妹さんが電話口で「もういい加減、大人になりなさい」と言おうものなら、ふてくされて電話を途中で切ってしまうのだとか。

すると、亡くなったお姉さんから照れくさそうなメッセージが届きました。

「私があの子を小さいときから甘やかしたから、わがままに育っちゃって。迷惑かけ

てごめんね」としきりに謝っています。

実はこのお姉さん、生きているときは、妹にいくら「お姉ちゃんが甘やかしすぎたせいだよ！」と言われても、自分の子育てが間違いだったと認めたくないあまり、最後まで妹の忠告を受け入れなかったそうです。

ところが、自分があの世へ行ってから、息子の頼りない様子と妹が心配していることが身にしみて、これは妹に謝らないといけないと思ったようです。

妹さんはそれを聞いて、「なんだ、本当はわかってたんだ」とほっとしていました。

実際、あの世からはものごとを冷静になってみられるようで、このお姉さんのように「今さらかもしれないけど、あのことを謝りたい」とおっしゃる方もなかにはおられます。


それにしても、お姉さんはなぜか幸せそうにみえ、私は妹さんに次のように伝えました。

「成仏もされてますし、すごくお元気ですよ。それに、亡くなる前、入院されていたと聞いてましたけど、ご家族としょっちゅう会ってはったようにみえます」

妹さんによれば、コロナ禍になって面会できない病院が多いなか、その病院では毎日15分間だけ会える時間を設けてくれていたそうです。

また、お姉さんの息子さんは親に反発し、援助だけもらって口をきかない時期があったということですが、死の間際になって、毎日のように病院を訪れ、「いつも心配をかけてごめん。俺もお母ちゃんに安心してもらえるようにがんばるから。だから、お母ちゃんもがんばれよ」と話しかけていたそうです。

「息子の言葉を信じています」とメッセージを残して、あの世に戻られたお姉さん。

息子さんは、まだしばらくは時間がかかるかもしれませんが、何でもしてくれた母親が亡くなった今、ここからは自分の力で少しずつ成長していこうとする姿がみえました。

真実5

お供えをすると、亡くなった人は喜ぶ

好物を供えることで、死後に仲直りをした夫婦

Iさんの亡くなったお父さんは、ほかの方とは様子が少し違いました。私が呼ぶと、すぐにきてくれたものの、「何か言いたいことでもあるのか？」と、ちょっとぶっきらぼうな言い方が気になりました。

その原因は、長い間、仏壇がほったらかしになっていることにありました。亡くなって10年近くが経ちますが、お供えもほとんどなく、家族が誰も手を合わせていないと、腹を立てていたのです。

Iさんにそのことを伝えると、バツが悪そうに「その通りです。仏壇は実家の母に任せっきりで、私もたまに顔は出しますが、ついお線香をあげるのを忘れて帰ってしまうんです」と言います。

「それなら何か、お父さんの好物をお供えしてあげてください。実は、さっきからお父さんの前に焼き魚がみえているんですが……お父さん、焼き魚がお好きでしたか？」と聞くと、Ｉさんは「あっ」と言って、「はい、夕食に焼き魚が出てくると、晩酌しながらいつもおいしそうに食べていました。帰ったらすぐにお供えします」とのこと。

でも、お父さんは、まだ何か言いたそうにしています。たずねてみると、「女房の焼いた魚がいい」と言います。

なぜだろうと思ってＩさんに聞くと、意外なことがわかりました。

Ｉさんによれば、お父さんが亡くなる少し前、焼き魚が発端でお母さんとの間に夫婦ゲンカがあったそうです。その後、お父さんは病気で入院することになり、結局、それが家で食べた最後の焼き魚になってしまったということでした。

お父さんは、ケンカの種になった焼き魚をきっかけにして、お母さんと仲直りしたかったのかもしれません。

Ｉさんは、「とにかく母に焼き魚をお供えするように伝えます」と言って、そのときは帰られました。

次にIさんが相談にこられたとき、亡くなったお父さんがお供えをとても喜んでいることがわかりました。それだけではありません。「女房との関係もよくなった」とうれしそうにみえました。

「お母さんに何か変化はありましたか？」とIさんにたずねると、焼き魚以外にも、ときどきお父さんが好きだったお酒を一緒にお供えしているそうです。

「それに、サトミさんにアドバイスをもらって以来、母は仏壇の父によく話しかけるようになったんです。掃除もこまめにしているようで、先日実家に行き、その変わりように驚いていたところです」

お父さんの好物をお供えして、なぜお母さんが変わるのか、Iさんは不思議に思ったようです。でも、「好物を供える」ことで、お母さんは、お父さんとの幸せな過去を振り返ることができたはずです。

何もない仏壇からは会話も生まれませんが、「何か」を置けば、話の糸口ができます。話しかけられると亡くなった人はうれしくなり、あの世で歩く足取りが軽くなります。そして、お母さんに対し、何かしら恩返しをしたいと思う。そのようなしくみで、亡くなったあとであっても、関係性が変わるご家族もいるのです。

亡くなった人に届きやすいのは〝香り〟があるもの

Ｉさんのお父さんの場合は「焼き魚」でしたが、基本的には何をお供えしても、亡くなった人は喜んでくれます。

お寿司が好きな人なら、夕飯のために買ってきた握り寿司をお供えして、「大好物のお寿司を買ってきたから食べてね」と手を合わせ、そのあと自分が食べてしまってもいいのです。

お酒が好きなら、ときどきは「一緒に飲もう」と言って好きなお酒をお供えして、乾杯するのもいいでしょう。

亡くなった人に喜んでもらいたい、という気持ちが何より大事です。

たとえば、いただいたお菓子やフルーツなど「これは好きかどうかわからないな……」と思うものでも、いったんお供えして、それから自分が食べるという習慣があってもいいと思います。

今、あなたがこうして生きていられるのは、命をつないでくれたご先祖さまはもちろん、亡くなったご家族のおかげでもあるわけです。

ですからお供えをすることで、感謝の気持ちをあらわすことも大切なのです。

また、「お線香の煙が、亡くなった人のご飯になる」と言われるように、香りがあるものは、あの世に届きやすいようです。お花、炊き立てのご飯、お味噌汁、コーヒーなど、亡くなった人が好きだった〝香り〟があれば、ぜひ供えてあげてください。

以前、相談にこられた方で「毎朝、亡くなった両親に、日替わりでお茶、紅茶、コーヒーを淹《い》れています」と言う人がいましたが、ご両親もとても喜んでいて、「自分たちのために、いつもありがとう」と言っていました。

毎日、わずかな時間でも亡くなった人のために使うと、亡くなった人も感謝の気持ちを返してくれます。それによって守ってもらえる機会も増えるように私は思います。

真実6
亡くなった人の〝思い〟は、形見に宿っている

形見を身につけてうれしい気持ちになると、喜ばれる

「亡くなった母の形見のネックレスを身につけていたら、母に守ってもらえますか？」「出かけるときはいつも亡くなった夫の時計をしていくのですが、夫は喜んでいるでしょうか？」と、ときおり相談者から聞かれることがあります。

答えは、どちらも「はい」です。亡くなった人が大事にしていたものなら、「いつも気にしてくれてありがとう」と感謝しているケースがほとんどです。

また、その方が形見を身につけることで、余計に守られている気がする、安心できると感じるなら、実際に守られていると思います。

ある相談者の場合は、亡くなったお母さんから「自分の指輪を身につけてほしい」とリクエストがありました。

「お父さんに買ってもらった私の指輪、こんな形の、まだある？　とお母さんが聞いてはりますけど……」と伝えると、「あります！　私が形見として持っています。それが何か？」と相談者。

「それを、いつも身につけていてほしい。サイズが合わなかったら、みえないところに持っているだけでもいい。そうすることで、いつもあなたを見守れるから。もう悲しまないで」というのがお母さんのメッセージでした。

お母さんの死後、相談者は長いこと落ち込んでいたそうです。生前は姉妹のように仲のよかったお母さんだったので、その喪失感《そうしつかん》は自分が思った以上に大きく、亡くなってしばらくは会社にも行けなかったと言います。

そんな娘をどうにかして元気づけたいというお母さんの思いを受け取り、相談者は泣きながら大きくうなずいていました。そして、「これまで何でも相談してきた母を失って、毎日不安で仕方なかったんです。これからは少し気持ちの切り替えができそうです」と言ってくれました。

その方が私のところへ相談にこられたのも、私を介して娘さんを励まそうと、お母さんが引き合わせてくれたのかもしれません。

一方で、形見を常に身につけていると、いつまでも思い出を引きずってしまい、悲しみの底から抜け出せないと思う人もいるでしょう。形見をみるたびに思い出して落ち込んでしまう、あるいは自分には似合わないと思えば、無理してつける必要はありません。

また、亡くなった人の遺品を何でもかんでも捨てずにとっておくことは、あまりよいことではありません。

亡くなった方に安心して成仏してもらうためにも、そして遺族が前を向いて生きるためにも、基本的に遺品は処分するほうがよいといえます。

しかしながら、亡くなった人との思い出や故人のエネルギーが宿っているものを、何か一つ、身につけていることで、お守りになる場合もあるのです。

私も、大好きだった叔母の形見を常に身につけています。叔母はプラチナの指輪を集めるのが趣味で、亡くなったあと、たくさんの指輪が残っていました。それを溶かしてバングルにし、私が持つことにしたのです。

寝るときも、お風呂に入るときも、旅行に行くときも、いつも一緒。20年間、肌身離さず身につけています。一度なくしかけたときは、パニックになりそうでした（笑）。

ただし、「叔母に守ってもらおう」「叔母の分まで生きよう」というわけではありません。最初は形見だと思っていましたが、今では私の宝物になっています。それも一つの持ち方だと思っています。


人によっては、普段はしまっておいて、「大事な日だけ形見を身につける」という人もいます。人それぞれに、形見の持ち方があっていいのです。

一つ、忘れてはいけないのは、「形見を身につけておけば、すべてうまくいく。任せておけば安心」ではないということです。

自分が何も努力しなければ、形見のバングルも〝ただのアクセサリー〟です。形見をつけるのにふさわしい生き方をしている自分だからこそ、亡くなった人も応援してくれるということを覚えておいてほしいと思います。

真実7

亡くなった人への後悔は、してはいけない

生きている時間を無駄にしてはいけない

Cさんは、人生の節目にご相談にこられる方の一人です。10年ほど前に実家の事業を継承し、経営者として力を発揮されている、とても明るくてタフな女性です。

ところが、旦那さんを亡くして以来、ずっと元気がありません。「自分にはもっとできることがあったんじゃないか?」という後悔が何年経っても消えないと言います。

そこで、旦那さんをお呼びすると、とてもハツラツとされています。すでに成仏され、次に生まれ変わるため、しっかりとした足取りで川のほとりを歩いている様子がみえました。私からみると、Cさんよりよほど元気そうです。

「旦那さんが心配してはります。こっちは大丈夫だから、もっと自分を大事にしなさ

いって言ってはりますよ」

それでも、「自分が事業を立て直すのに忙しくて、夫に何もしてあげられなかった。本当にあれでよかったんでしょうか……」とCさん。

自分が親の会社を継ぐことになり、責任感から仕事にかかりきりになってしまったことや、夫の病気がわかってても、なかなかそばについていられず、最後は施設で息を引き取らせてしまったことで、ずっと自分を責めているのです。

それを聞いていた旦那さんが言いました。

「たしかに、仕事、仕事で、晩年は夫婦の会話も少なかったな。お前が外でイキイキとしているのを知って、面白くない時期もあった。俺の出る幕ではなかったからね。でも、時間がないなかで精一杯のことをしてくれたじゃないか。それで十分だ。お前には胸を張って生きてほしい」

Cさんはうつむき加減で、旦那さんのひと言、ひと言にうなずき、涙ぐみながら聞いていましたが、旦那さんに励まされたことで納得できたのか、顔を上げ、「わかりました。私も心を入れ替えて、これからは前向きに生きていきます」と言ってくれました。

どんなにがんばって看病した人でも、身近な人を失うと、「もっと何かしてやれたはずなのに」「あんなことを言わなければよかった」などと悔やむことが多いようです。いろいろがんばった人ほど、後悔の念が強いと感じることもありますが、おそらく、それだけ責任感が強いのでしょう。

ただCさんのように、亡くなった人はあの世で元気にしているのに、この世にいる人が暗く沈んでいたら、せっかくの〝生きている時間〟を無駄にすることになります。亡くなった人で、大切な家族に対して、時間を無駄にすることを望む人は一人もいません。残された家族が何かと後悔をして落ち込んでいる姿をみて、亡くなった人は深く悲しんでいるのです。

この本を読んでくださっているみなさんも、同じような経験があるとしたら、いつまでも思い悩まずに、「自分はできる範囲で、精一杯がんばった」と自分自身を認めてあげて、残りの人生を思いっきり楽しんでほしいと思います。

真実8　すぐに成仏できない人もいる

成仏のきっかけになる、家族の祈り

病気ではなく、事故で亡くなられた方の家族は、亡くなることを予想だにしていない状況ですから、ショックから立ち直るのがとても難しいと思います。

Rさんのお兄さんは山登りが趣味で、あちこちの山に出かけていましたが、あるとき、山の事故で亡くなってしまいました。

Rさんが相談にこられたとき、男性が崖《がけ》から落ちる姿がみえ、そのことを伝えると、「はい、仲間と山登りに行って岩壁で足を滑《すべ》らせ、転落して亡くなったんです」と教えてくれました。

ただ、ご本人は成仏していて、後悔もないようでした。

「いさぎよい方ですね。山を登っていれば、いつそうなってもおかしくないと覚悟していたみたいで、悔いはないと言ってはりますよ」と言うと、ほっとした表情で「兄は警察官だったんです。今の言い方、それこそ兄らしいです」と笑顔をみせてくれました。

しかし、お兄さんとは対照的に、Rさんのお母さんの悲しみがとても深いことが伝わってきました。お母さんの様子をたずねると、「母がまだ立ち直れていなくて……」と言います。

亡くなってもうすぐ1年、家族で亡くなった場所に行ってお参りしようと思っているということでした。

お兄さんからも、「それを機会に、母さんには元気になってほしい」というメッセージが届きました。その場所を訪れることで、お母さんの落ち込んだ気持ちに、何かしらいい変化があるのではないかと感じました。

亡くなった事故現場に足を運ぶことは、故人の家族が気持ちを整理するためだけでなく、実は、亡くなった人のたましいを救うためにも重要です。

Rさんのお兄さんは成仏していましたが、事故で亡くなった人のなかには、自分が死んだことに気づかず、成仏できずに、その場所にとどまったままの人もいるからです。

成仏は、自分で自分の死を認め、現世への未練を断ち切り、あの世に行く覚悟を持つことで、可能となります。

なので、亡くなったことに気づいていない人にとっては、家族が訪れて花などを手《た》向《む》け、「あなたはここで亡くなったんだよ」と教えてあげることに、大きな意味があります。それによって、亡くなった人がようやく死を受け入れ、成仏できることもあるのです。

可能であれば、外国など遠いところで亡くなったとしても、その場所へ一度は行ったほうがいいと私は思います。家族がその場所で手を合わせることが、成仏のきっかけになることは本当にあるのです。

成仏に長い時間がかかる人もいる

成仏するタイミングは人それぞれです。亡くなってすぐ成仏する人が大半とはいえ、数年後に成仏する人がいないわけではありません。

ある相談者の旦那さんは、3年以上前に亡くなっていましたが、成仏したのは1年前ぐらいでした。

では、なぜ長い時間が経ってから成仏したのか、亡くなった旦那さんに聞いてみたところ、親戚の葬儀に参列して、遺影に写っている本人から「あなたはもう死んでいるよ」と教えてもらって初めて、自分が亡くなっていることを知ったそうです。「どうりで家族に話しかけても、誰も反応してくれないわけだ。おかしいなとは思っていたが、ようやくわかりました」と話していました。

また、相談者が私のところにこられたタイミングで、すでに亡くなっている家族が自分の死にまだ気づいておらず、成仏していないことがわかることもあります。

事故で亡くなった人のほかにも、自殺するつもりはなかったけれどふらっと逝《い》ってしまった人、夜、布団に入ったまま亡くなった人などは、死を自覚していないために、自分が亡くなっていることに気づかない場合があるのです。

亡くなって肉体は消えても、たましいは残るとお話ししましたが、亡くなった人のたましいは生き続けているわけです。そして、成仏している人と、していない人では、私へのみえ方や声の届き方が明らかに違います。

成仏していない人は、姿がぼんやりとしていてはっきりみえず、声も聞きとりづらいことが多いので、すぐにわかります。

そこで、成仏していなければ、「すでに亡くなっている」ことを伝えて、自分の死を受け入れてもらうようにしています。

それで本人が納得できれば、ちゃんと成仏して、あの世へ行くことができます。

しかし、なかには自分が死んだとわかっていても、なかなか成仏できない人もいます。「自分の死に納得がいかない」「自分にはまだやり残したことがある」など、この世に未練があり、執着《しゅうちゃく》している間は、なかなかあの世に行くことができません。

それはなぜでしょうか。

あの世に行けば、すべてがいったんリセットされ、用意スタート！　で新しい死後の世界が始まるというわけではありません。

死後の人生は、肉体がない状態であの世へ行くだけで、性格や考え方も生きているときと同じ。この世の記憶もほとんど持っていきます。言ってみれば、生きている今の人生と地続きなのです。

ただし、過去を振り返り、後悔や思い残したことがあったとしても、この世に戻ってやり直すことはできません。

だからこそ、「がんばったけれど、できなかったことは仕方ない」「やりたいことはまだまだあった。それでも十分にいい人生だった」と、自分の生き方を肯定して納得し、死を受け入れることが大切なのです。

裏を返せば、今、生きている私たちが「毎日、精一杯生きた」と思える日々を過ごすことが大事なのです。

一人ひとりに与えられた時間は、限られています。亡くなったとき、「あれもこれも、やっておけばよかった」と後悔しない生き方をすることができたら、成仏できずに苦しむことはなくなるのかもしれません。

愛する人を置いて、あの世へ行けなかったたましい

成仏できない人のなかには、「愛する人や家族を置いて、あの世に行けない」と、この世にとどまってしまうケースもあります。

「半年後に結婚式を挙げる予定だったのに、婚約者が突然、事故で亡くなってしまい、2年経った今も心の整理がつかない」という相談者が私のところにこられたことがあります。

たとえ寿命であっても、愛する人の死を受け入れるのは、簡単なことではありません。この相談者も沈痛な面持ちで、「この世で一番好きだった人の死が、いまだに信

じられない。あの人がいなくなったのに、自分一人が生きていることがつらい。神さまに毎日、『一日も早く、あの人のもとに連れていってください』と祈っていますと言います。

私が婚約者の男性を呼ぶと、そばにきてくれたのはわかりましたが、やはり、成仏していませんでした。

「自分が事故で死んだことは知ってはいるが、彼女の気持ちがわかるだけに、そばを離れることができない」と私に訴えてきます。

しかし、婚約者からのメッセージを伝えると、相談者の表情が変わりました。自分が抱え込んでいた思いを相手が受け取っていたことがわかって、少し心が落ち着いたのかもしれません。そんな彼女に、婚約者が言葉を続けました。

「一人にしてごめん。でも、きみは2年もの間、僕がいなくても生きられる練習をしてきたんだよ。それに、本当は一人じゃない。きみを大事に思う家族や友達もいる。そろそろ前を向いて、自分の人生を歩いてほしい。僕はずっと応援しているから」

それを聞きながら大粒の涙を流していた相談者でしたが、私が「今のメッセージの返事として、あなたがこれからどう生きていきたいか、婚約者さんに伝えてあげてください。そうすれば安心して成仏しはりますよ」と言うと、次のように話してくれました。

「あなたと一緒にいられて幸せだった。応援してくれるあなたのためにも、悲しむだけの毎日は終わりにします。今はこれしか言えないけど、これまで本当にありがとう」

そして、「これで気持ちの整理が少しはつきそうです」と言って、帰っていかれました。

みなさんのなかにも、かけがえのない恋人やパートナーを失ってしまったり、幼い子どもを残して旦那さんが亡くなったりして、孤独や寂しさはもちろん、「なぜ死んでしまったの？」という死への恨みを抱えたまま過ごしている人がいるでしょう。

しかし、それゆえに成仏できないたましいが存在するのも事実です。「死んでしまったことを責められているようで、あの世へ行けない」とおっしゃる方もいます。

今、この世にいる私たちができる最大の供養は、愛する人の死を受け入れ、現実の生活に復帰すること。今日を懸命に生きることです。

毎日がんばるうちに、自分がやるべきことは、大切な人の死を嘆き悲しみ続けることではない、と気づくと思います。そうしていくうちに、少しずつですが、悲しむ気持ちもやわらいでいきます。

できれば亡くなった人の写真などに向かって、その日にあったことなどを直接、話しかけてあげるといいと思います。本人を前にしたら、愚痴《ぐち》ばかり言うわけにはいきません。先ほどの相談者のように、自然と相手を安心させたくなるはずです。

その声は、亡くなった方にも届いています。そうやって徐々に悲しみを克服していき、相手が「もう心配ないな」と思えるようになれば、しっかり成仏できるのです。

自殺しても成仏する人はいる

では、自殺で亡くなった人は成仏できるのでしょうか。

重たい話になってしまいますが、自ら死を選ぶとは、想像を絶するような苦しみ、耐えがたいほどの屈辱《くつじょく》、あるいは自分をそんな気持ちにまで追い込んだ環境への恨みなどがあったからでしょう。

もちろんどんな理由であれ、自死は絶対にしてはいけないことです。命はもっとも尊いのです。ですから、たとえどんなにしんどくても、生き続けるべきだと私は思います。

ただ、亡くなった人からいろいろ話を聞くと、自死した人が全員、必ずしも後悔しているわけではありません。自ら亡くなったことが「ベストだった」と言う人もいて、意外かもしれませんが、自殺して成仏できるたましいがあるのも事実です。

たとえば、自殺で亡くなったある女性は、「死に物狂いで、やれるところまではやった。しかし、これ以上はどうにもできない。この先、自分が生きているだけで、すべてに迷惑をかけてしまう」という状況だったそうです。その内容は、聞いているこちらがつらくなるほど過酷で壮絶なものでした。

その人は自分の死を受け入れ、この世への未練を断ち切っていました。それができれば、どんな亡くなり方をした人でも成仏します。

しかし、成仏した人がみんな天国に行けるわけではありません。

あの世には、天国と地獄があり、成仏した人は、どちらか一方に行くことになります。

天国といえば、三途《さんず》の川をわたってお花畑が広がるイメージ、地獄は閻魔《えんま》さまの審判によって針の山を歩かされるなど、さまざまな責め苦を受けるイメージを持っている人もいるでしょう。

私にみえる天国とは、先ほどもお話しした通り、川が無限に流れ、亡くなった人が次に生まれ変わるため、未来に向かって川のほとりを歩いているようなところです。ところどころに池や山があり、池のまわりを走っている人、山を登っている人もいます。また、熱心に何かを書いている人、本を読んでいる人の姿もみえます。光に包まれ、みな、それぞれの歩み方をしています。

一方の地獄は、実は天国と同じ場所にあります。ただ、地獄には光が当たっていません。地獄にいる人は、その場から天国で暮らす人をみています。

しかし、暗い場所から動くことはできません。そこにいる限り、生まれ変わることもありません。何かをすることもなく、未来もみえない、希望のない世界です。

けれども、そのまま永遠に動けないかというと、そうではありません。今の自分が置かれた状態を理解し、次の人生に何を望むかじっくり考えれば、おのずと光の当たる場所に行くことはできるように私にはみえます。

先ほどの自殺した女性が、今、天国にいるのか地獄にいるのか、私にはわかりません。でも、たとえ地獄に行ったとしても、「また生まれ変わりたい」「次はこんな人生を送りたい」と願えば、自然と光のあるほうへ歩き出せることはあると思います。

真実9

この世に生まれなかった赤ちゃんにも役割がある

同じお腹に2度宿った赤ちゃん

生まれる前にお腹のなかで亡くなった子どもについては、あまり語られることがないかもしれません。

お母さんになろうとがんばったのに、わが子を一度も自分の胸に抱きしめることができなかった悲しみ、無事に産んであげることができなかった申し訳なさもあるでしょう。

でも、この世に生まれることなく亡くなった赤ちゃんは、それをわかった上で、何か役割があってお母さんのお腹に宿ったのです。

たとえば、夫婦関係がうまくいっていない二人の仲を取り持つために、自分がお腹に入り、旦那さんが奥さんをいたわるように仕向ける、といった具合に。

なので、その死は決してお母さんのせいではありませんし、お腹に宿る意味もあったのです。

ですから、「私のもとにきてくれてありがとう」と言って手を合わせて感謝の気持ちを届けてあげてください。

そのような赤ちゃんは、生まれ変わりに100年かかることなく、短い期間でまた生を享けることもあるのです。


しかし、まれにですが、そんな赤ちゃんのたましいが、再び同じお母さんのお腹に宿ることがあります。

Kさんがそうでした。お友達と一緒に初めてこられたとき、Kさんはまだ独身でしたが、お腹でたましいが泳いでいるのがみえたので、「あなたのからだのなかに、あなたを親と決めた子が待機しています。もし結婚を意識している人がいるなら、真剣に考えたほうがいいですよ」と伝えました。

Kさんは当時つき合っていた男性と、間もなく結婚。その前に、妊娠していたこともわかったそうです。

ところが、次にこられたとき、Kさんに「実は、流産したんです」と告げられました。その子はきっと、なかなか結婚を決断できない二人の背中を押すために、短い時間お腹に宿り、役割を終えて旅立ったのでしょう。

ですが不思議なことに、私には、また同じたましいが泳いでいるのがみえたのです。「あれ？　同じ子がそこにいてます。Kさんの家族になりたくて、待っていますよ」

Kさんは流産したばかりで、そのときは私の言葉を半信半疑で聞いていたようですが、その後、「あれから半年後に、また妊娠しました！　すごくうれしいです」と報告してくれました。

同じたましいが同じ母親のお腹に宿るなんて、かなり珍しいケースですが、現実にこういうことはあるのです。

人は亡くなってあの世へ行き、長く川のほとりを歩いた末に、再びこの世に生まれる順番がくると、次の人生のための準備を始めます。

「新しい人生ではこんな経験をしたい」「こんなことを学びたい」とテーマを決め、それらにふさわしい家庭環境や親を選んで生まれてきます。

大人になるにつれ、多くの人がその記憶をなくしてしまいますが、私たちもそうやってこの世に生まれています。自分の両親、子どもとの出会いは、決して偶然ではないのです。

第二章

不思議な〝夢・音・香り〟は亡くなった人からのメッセージ

真実10

亡くなった人は夢でメッセージを届けてくれる

夢のなかで日に日に近づいてきた母親

人が亡くなり、肉体はなくなっても、たましいは生き続けています。そして、この世に残してきた大切な人に伝えるべきメッセージがあれば、何とかして届けようとしてくれます。その一つの方法が、夢に出ることです。

Ｊさんはお母さんを亡くされて20年近くが経ちますが、今でもときどきお母さんの夢をみるそうです。たいていは、Ｊさんが実家に行くとお母さんがいて、ソファでくつろいでいるような夢ばかりとのこと。とはいえ「夢でもいいから、亡くなった人に会いたい」と願う人にとっては、ちょっとうらやましい話です。

ところがある時期、連続して、1週間に3回もお母さんが夢に出てきたと言います。いつもは実家のような場所にJさんが会いに行くパターンだったのが、お母さんのほうからJさんに会いにきてくれる夢に変わったそうです。

その距離が、夢をみるたびに近くなっていき、Jさんが今住んでいるマンションまでやってきたかと思うと、廊下にいたお母さんが、次の夢では寝室に入ってきて、布団をポンポンと叩き、寝ているJさんの耳元で「起きなさい」とささやいたそうです。

夢で声をかけられたのはそのときが初めてで、夢から覚めたあとも、そのシーンが脳裏《のうり》に焼きついていたと言います。

「母は、私に何か伝えたいことがあったのでしょうか？」

そう質問するJさんのかたわらには、先ほどからお母さんが座っていました。

「母として、娘にできることをしただけだと言ってはります。その夢をみた時期に、心にダメージを受けた記憶はありませんか？」と聞くと、思い当たることがあるという顔をして、「自分ではどうにもできない仕事に振り回されて、夜もあまり眠れず、精神的に苦しかった気がします」とJさん。

すると、お母さんが「この子は、人に流されるタイプだから」と言います。

私からみると、Jさんはむしろ意思が強く、イエス・ノーをはっきり言うタイプにみえるのに、お母さんには「いい顔をして、何でもかんでも引き受けすぎる。このままでは、からだより先に、心を壊してしまう」とみえているようです。

「そうなる手前で止めにきた。もうそれぐらいにしておきなさい、と警告したかった」と言います。

Jさんは、「そうだったんですね。ひょっとして私の命が危ないことを知らせるメッセージかと思っていたので、逆にほっとしました」と苦笑していましたが、娘を心配する親心はしっかり受け止めたようです。

「お母さんは、同じことが起きそうになったら、また来ると言ってはります」とメッセージを伝えると、笑顔になったJさん。

Jさんは、夢でお母さんにまた会えるかもしれないことを単純に喜ぶと同時に、お母さんが見守ってくれていることがわかって、うれしくなったのだと思いました。

「でも、本当はお母さんをこさせたら、あきませんよ。お母さんを心配させるような状況をつくらないことが大切です」と言うと、「たしかにそうですね。これからは自分の心とからだに無理をさせないように気をつけます」と言って、帰っていかれました。

夢が全部あの世からのメッセージかといえば、そうではありません。

しかし、亡くなった人からのメッセージを夢で受け取る人は、Ｊさんに限らず多くいらっしゃいます。

亡くなった人が夢に出てきて、意味深長《いみしんちょう》な言葉をかけられたり、からだに触れられたり、あるいは、いつもの夢とは違うリアルさを感じたり、目覚めてからも強い感情がわき起こったりすることがあれば、ほぼ間違いなく、亡くなった人があなたに何かを伝えようとしているのです。

そんなときは、その人がまだ生きていたら、今のあなたをみてどう思うだろう？どんなことを言うだろう？　と考えてみてください。そこに、何かしらのヒントがあるかもしれません。

夢のなかで父が娘に伝えたかったこと

Oさんは、亡くなったお父さんとドライブをする夢を繰り返しみたそうです。お父さんは生前から車好きで運転も大好き、特に山道を走るのが好きな方でした。そんなお父さんと夢でドライブできることを、Oさんは「現実では会えない父親と新しい思い出をつくっているようで楽しい」と感じていたそうです。

それがここ1年ほど、「夢でドライブする道がいつも同じ」と感じるようになったとのこと。

「ドライブする景色が毎回そっくりなんです。雪が残っている険しい山道をけっこうなスピードを出して、ただ走っている夢です。この夢には何か意味があるように思えて……。父は自分が好きな場所に私を連れ出すことで、応援してくれているんでしょうか？」

すると、お父さんがきてくれ、首を横に振っています。

「ちょっと違うようですね。お父さんは、もっと自分らしく好きに生きなさい、ということを娘に伝えたいと言っています。それから、難しいかもしれないが、今より上を目指せ、と言ってはりますよ。実際のところ、Oさんは何がしたいんですか？」

私がお父さんのメッセージを伝えると、横にいたお父さんが「もっと言ってやれ！」と私をけしかけます。どうやら娘にハッパをかけたくて、何度も険しい道を走る夢をみせたようです。

お父さんはとても感情豊かな方で、さらに「自分は死ぬまでにたくさんの挑戦をして、充実した人生だった。なぜ、それをまねしないんだ？」と言って、悲しそうな表情をしています。「本当にやりたいことをするなら、いくらでもバックアップする」と何度も言います。

Oさんによると、お父さんは仕事をリタイアしたあとも、友人たちと事業を興《おこ》そうと特許を申請するなど夢に向かって行動していた矢先、病に倒れてしまったそうです。

Oさんにも、現状で満足せずに、大きな目標を持って生きてほしい、と願ったのでしょう。

こうお話しすると、みなさんは「なぜ夢のなかで、言いたいことをはっきり伝えてくれないんだろう？」と思うかもしれません。

しかし、亡くなった人が、それを言葉ではっきりと伝えないのは、「自分で考えて、みつけてほしい」と思っているからです。

実際にご両親から生前に助言されていたことを、忠実に行動に移したという人は、少数派でしょう。


たとえばOさんのケースなら、「そういえば父はロマンチストだったな。お前も好きなことをたくさんやれよと言いたいのかな？」というように、ご本人の性格から意味を考えてみるのもいいと思います。

また、夢をみたあとで偶然開いた雑誌、観た映画、たまたまつけたテレビから気になるメッセージを受け取り、何かしらのヒントをもらえるかもしれません。それらが、亡くなった人からのメッセージであることも十分考えられるのです。

実は、そうやって亡くなった人の思いをキャッチすることができると、それ以降は同じ夢をみることはなくなります。その場合、あなたが感じた亡くなった人からの伝言は当たっていたということです。


Oさんの場合は、私が夢を解説してしまったので、もう同じ夢はみないでしょう。でも、このお父さんなら、何か伝えたいことがあれば、何度でも、何年経っても、再び登場してくれるはずです。

「この先、またどうしても気になる夢をみたら、内容を書き出して、それがどういう意味なのか、自分なりに考えてみてください」とお伝えしました。

みなさんも、気になる夢をみたら、覚えているうちにメモに書き出し、思い当たることがないか考えてみてください。きっと、そのときのあなたに必要なヒントが得られるはずです。

真実11

霊現象は亡くなった人がみせてくれる魔法

無人の家で突然、鳴り出したラジオ

亡くなった人がメッセージを伝える方法には、夢のほかに〝霊現象〟といえるものもあります。

Aさんは、お母さんを亡くした1年後、お父さんが病気で入院し、お見舞いのために帰省しました。

誰もいない実家に着いてリビングに荷物を置いた瞬間、部屋のどこからか大きな人の声がして、玄関に誰かがきたのだと思って向かったそうです。ところが実際は、冷蔵庫の上にあったラジカセのラジオが突然鳴り出した音だったと言います。

「背の高い冷蔵庫の上にラジカセが置いてあることすら知らなかったのに、なぜ急に鳴り出すの？」と不気味に思いながら、恐怖のあまりにラジカセの電源を抜いたそうです。

それ以外でも、夜中に電話のワン切り（ワンコールで切れること）が多く、実家では電話線を抜いていたそうです。

それだけ聞くと、まさに怪奇現象です。

しかしそれは、お母さんからの「ここにいるよ」というサインだったのです。

Aさんの亡くなったお母さんが言うには、東京からわざわざきてくれた娘が一人で寂しくないように、「一緒にいるよ」と伝えたくてラジオや電話を鳴らしたのだそうです。

お母さんから届いたメッセージを伝えると、Aさんは「そうだったんですね。そういえば、母が東京にきて、父に電話をかけるときは、1回鳴らして電話を切り〝私よ〟と合図をしてから、もう一度電話をかけていました。でも、ラジオが急に鳴ったり、夜中の電話は本当に怖かったです」と苦笑していました。

Aさんの気持ちはよくわかります。でも、不可思議な現象が起こったときは怖いかもしれないけれど、亡くなった人が一生懸命にメッセージを届けようとしていることもあるので、「何かのサインかもしれない」と考えたほうがいい場合もあるのです。

Aさんは、その後、さらに不思議な体験をしたと言います。

お父さんを見舞うために帰省し、病院近くのシティホテルに泊まったときのこと。フロントで苗字を告げると、「○○○○さま、2名さまですね」と、亡くなったお母さんのフルネームを言われたそうです。

Aさんは、「私の名前で予約したし、母はこのホテルに泊まったこともないのに、おかしいな」と思いながらも、名前が違うということでキャンセルになると面倒だと思い、とっさに、「はい。でも、2名ではなく、1名です」と言ってルームキーをもらいました。Aさんは一人のときも、部屋が広いほうがいいからと、いつもツインを予約する習慣があるとのこと。

それからエレベーターに向かって歩き始めたとき、やはり確認したいという衝動にかられ、フロントに引き返したそうです。そして、「実はさっき、『○○○○さまですね』と言われましたが、私の名前は△△△△です。私は○○○○で予約していましたか？」と聞いたところ、係の人はいぶかしげな顔をしながらも、「はい、△△△△さまですね」と、今度はAさんの名前を言ったそうです。

なぜこんなことがたびたび起こるのか、Aさんも困惑していましたが、実はこのときも、亡くなったお母さんが「私も一緒だよ」と伝えるために、ホテルの予約名を一時的に変えたと教えてくれました。「私の名前にすれば、あなたも気づいてくれると思って」と言います。

亡くなった人にそんなことができるのかと思うかもしれませんが、全員ではないにしろ、それができる人は実際にいます。フロント係がみている画面の文字を変えるなど、そういう人にとってはとても簡単なのです。

それを「ありえない」と思うか、「亡くなったあとも見守ってくれている」と思うかは、人それぞれですが、「見守ってくれている」と信じている人のほうが、同じような現象が起きやすいといえます。

亡くなった人は、ときに私たちが驚くような〝魔法〟を使うのです。

いろんな方法で亡くなった人は呼びかけている

ほかにも、「家の蛍光灯が急に点滅した」「晴れて風も吹いていないのに戸がガタガタ揺れた」「何もないところでお線香のにおいがした」といった霊現象があります。

これらのなかには、亡くなった人が「私はここにいるよ」と知らせるためにやっているケースもあります。むやみに怖がる必要はありません。

ある相談者は、夜中にふと目が覚めると、黒糖の香りがしたそうです。寝室にお菓子を置いているわけではないので、「変だな」と思いながらベッドから起き上がって、もう一度においをかいでみると、やはり黒糖の香りがします。

「こんな経験は初めてでしたが、もしかして亡くなった父が『かりんとうを食べたい』というメッセージをくれたのかな？　と思って、翌日買って供えました。父はかりんとうが好きだったので。それって正しかったんでしょうか？」と聞かれました。

何もないところで香りを感じること自体、不思議なことです。それを「変だな」で終わらせずに、「亡くなった人からのメッセージかな」と考えたことは正しかったといえます。

実際、お父さんはかりんとうが食べたかったというよりも、「ここにいるよ」「あなたのことをいつも見守っているよ」というメッセージを伝えるのが、一番の目的だったと思います。魔法のように香りを届けることで、それを叶えられたのです。

ただ、こうした霊現象のなかには、まれに本物の〝怪奇現象〟が紛《まぎ》れていることもあります。

また別の相談者は、亡くなったお父さんが愛用していた小さな目覚まし時計を自宅に持ち帰り、自分で使っていました。半年くらい経ったとき、その時計が夜中に突然、ガタガタガタガタッ！　と、すごい勢いで、大きな音を立てて回転し始めたそうです。

相談者は怖くなって、時計の電池を急いで取り外したそうです。

「普通、時計は大きな音を立てて高速で回りませんよね？　しかも真夜中に……。これは怪奇現象ですか？」

そう聞かれて、私は「霊の仕業ですね」と答えました。

「だからといって、むやみに怖がる必要はありませんが、気力が落ちている状態だと、よくない霊を呼びやすくなる人がいるんです。その前後に、何かありませんでしたか？　その日、嫌なことがあったとか、ひどく疲れていたとか……」とお聞きすると、「特に心当たりはない」と相談者。私には若干、霊を呼び込みやすい体質にみえました。

ちなみに、その相談者は「死後の世界があると何となく思っていても、どこかで信じられない気持ちもある」と言っていました。

そういう人は、ものを通じてアプローチしたほうがインパクトを与えやすいので、亡くなった人が「ここにいるよ」と知らせたい場合も、ものを通して驚かせることが多いのではないかと思います。

反対に、あの世の存在を素直に信じている人なら、ものを通さなくても夢で十分かもしれません。また、においに敏感な人には香りでサインを送る、音に敏感な人には物音を出す、視覚に優れている人にはキラキラしたものをみせるなど、伝えたい相手のタイプによってもアプローチは変わるようです。

自分が亡くなった人からのメッセージを受け取るとしたら……と考えて想像してみると、亡くなった人が近くにいるサインをみつけやすくなるかもしれません。

突然、流れる涙にも意味がある

ほかにも、「ときどき悲しくもないのに突然、涙が出る」「新聞を読んでいたら、急に亡くなった人の顔が浮かんで泣いてしまった」と言う人もいます。

感受性の強い人に多い現象かと思いますが、それも亡くなった人が、そばにきてくれたサインです。

また、桜の季節に公園を歩いているとき、「そういえば、一緒に桜をみたな」と思い出がよみがえり、思わず涙してしまったり、音楽を聴いていて、ふいに亡くなった人との記憶を思い出し、涙があふれてきたりすることもあるでしょう。

思い出の涙の場合は、必ずしも故人が寄り添ってくれているわけではありませんが、

「あのとき、こんなことがあったね」と話しかけることで、亡くなった人に声が届き、そばにきてくれることもあります。

急に泣きたくなったときは、思い切り泣いてしまったほうがいいでしょう。涙が自然に止まるまで泣くことで、不安定な自分を取り巻くエネルギーが調整され、本来の自分に戻りやすくなるからです。

ここで言うエネルギーとは、私たち一人ひとりがまとっている「気」のようなもののことです。

日常のストレスや人間関係などの影響で気が弱くなったり、気が重くなったり、気が滅入ったりしているとき、涙を流すとすっきりしてラクになり、心が軽くなったり、気が晴れたりして浄化されるのです。

真実12

成仏していない人からもメッセージは届く

コーヒーを飲みにくる姉の胸の内

Bさんは、毎朝、コーヒーを豆からひいて、淹れたての一杯を亡くなったお姉さんの仏壇に供えていました。

Bさん姉妹はとても仲がよく、二人でカフェに行っては何時間もおしゃべりをしていたようです。コーヒー好きだった姉のために何かしたいと、毎朝、コーヒーを淹れることにしたのだそうです。

あるとき、お供えのコーヒーが減っていることに気づいたBさんは、「お姉ちゃん、ここにきてくれたんだ！」とうれしくなりました。その後も、毎朝コーヒーをお供えし、仕事に出かけて帰ってくると、コーヒーが減っている日々が続きました。

そして、お姉さんと一度でいいから話がしたいと、私のところにこられたのです。

「たしかに、お姉さんが毎朝、コーヒーを飲みにきてはりますね。ただ、お姉さんはほかに言いたいことがあって、わざとその現象を起こしていたみたいです」

しかし、その声は弱く、途切れ途切れにしか届いてきません。お姉さんは成仏していないと、すぐにわかりました。

「お姉さんが、『骨』と言ってはるんですけど……。もしかして、お骨が家にありますか？」と聞くと、Bさんは「はい。ほんの少しだけ。大好きな姉とずっと一緒にいられるように、仏壇に置いてあります」と言います。

お姉さんは、それを「やめて」と言いたくて、霊現象を起こしていたようです。

「早く成仏したいのに、骨が家に置いてあったら、それに引っ張られて動けない。だから早く納骨するように、妹に言ってほしい」と私に訴えてきます。

こういったケースは、実は少なくありません。亡くなったあと、たとえ一部でも、自分のお骨が家にあるのを喜んでいる人は基本いません。

故人を思う気持ちは理解できますが、骨は亡くなった人の肉体の一部です。それが生きている人の目に触れるところにあると、この世で足止めされてしまうのです。これはペットも同じです。生きている側が骨を手放さないばかりに、何年経っても成仏できないたましいはそれなりにいます。

Bさんのお姉さんはまた、「骨があることで、自分だけでなく、妹の気持ちもそこから前に進めなくなっている。妹にはこの先、私を思って悲しむ人生ではなく、幸せな人生を歩いてほしい」と言います。

「妹さん思いの、やさしいお姉さんですね」と言うと、泣き出してしまったBさん。「わかりました。すぐに納骨します」とお姉さんに約束してくれました。これで、きっとお姉さんも成仏してあの世へ行き、次に生まれ変わる日のために歩き出せるはずです。

どうしても何かを手元に置いておきたい人に私がすすめているのは、亡くなった人の写真です。

写真をみると、その日によって同じ顔なのに笑ってみえたり、心配そうな顔にみえたりすることがありますが、それこそが亡くなった人から届くメッセージです。

亡くなった直後は、「写真をみるだけで涙が出てしまって、つらい」とおっしゃる方もいますが、写真に向かって笑いかけたり、「今日、こんなことがあったよ」などと報告すると、亡くなった人は喜びます。

そうやってお互いを思いやることは、亡くなったあともできるのです。

郵　便　は　が　き

お手数ですが、
切手を
おはりください。

1510051

東京都渋谷区千駄ヶ谷4-9-

（株）幻冬舎

書籍編集部宛

ご住所　〒
都・道
府・県

フリガナ
お名前

メール

インターネットでも回答を受け付けております
https://www.gentosha.co.jp/e/

裏面のご感想を広告等、書籍のPRに使わせていただく場合がございます。

幻冬舎より、著者に関する新しいお知らせ・小社および関連会社、広告主からのご案内を送付することがあります。不要の場合は右の欄にレ印をご記入ください。　不要 □

書をお買い上げいただき、誠にありがとうございました。
問にお答えいただけたら幸いです。

ご購入いただいた本のタイトルをご記入ください。

』

著者へのメッセージ、または本書のご感想をお書きください。

●本書をお求めになった動機は？

①著者が好きだから　②タイトルにひかれて　③テーマにひかれて
④カバーにひかれて　⑤帯のコピーにひかれて　⑥新聞で見て
⑦インターネットで知って　⑧売れてるから／話題だから
⑨役に立ちそうだから

生年月日	西暦　　年　　月　　日（　　歳）男・女		
ご職業	①学生	②教員・研究職	③公務員	④農林漁業
	⑤専門・技術職	⑥自由業	⑦自営業	⑧会社役員
	⑨会社員	⑩専業主夫・主婦	⑪パート・アルバイト	
	⑫無職	⑬その他（　　）		

ご記入いただきました個人情報については、許可なく他の目的で使用することはありません。ご協力ありがとうございました。

第三章

あの世には、今の生き方の〝続き〟がある

真実13

あの世で大切な人と再会することはできる

あの世で再び一緒になった両親

100人いれば100通りの生き方があるように、死後の過ごし方も百人百様です。Tさんが「亡くなった両親と話がしたい」とこられたとき、ご夫婦そろってそばにきてくれたので驚きました。どうやらTさんのご両親は、あの世でも一緒に過ごされているようです。晩年のお二人は腕を組んだり、一緒にお風呂に入ったりするほどの仲よしぶりだったそうです。

「亡くなったあと、一緒にいるご夫婦は珍しいですね。向こうでも仲よく暮らしていますよ。お父さんが先に逝ったお母さんに会いに行って、謝って許してもらったと言ってはります。何かあったんですか?」

Tさんによれば、お父さんはもともと仕事人間で、「家のことはお前に任せた」と家事も育児も任せっぱなし。お母さんはがまんの限界に達し、子どもたちを連れて田舎に帰ろうと思ったこともあったとか。

でも、お父さんは会社を定年退職してから態度がガラッと変わり、自分から料理や後片づけをするなどお母さんに寄り添うようになったそうです。お母さんも、そんなお父さんを受け入れたという経緯があったのです。

「父は、母が亡くなったあと、あとを追うように亡くなりました。それぐらい母の死がショックだったのだと思います。あの世でも、どうしても一緒にいたい。その一心で、過去の自分の行いをあらためて謝ったのかもしれません。父は、とにかく意志の強い人でしたから」とTさんは言います。

だからといって、あの世へ行っても一緒にいるご夫婦はほとんどいません。たいていは一人で川のほとりを歩いていきます。

どちらかがあとで亡くなると、あの世へ案内するために先に亡くなった人が迎えにくることはあっても、その後はそれぞれ次の人生に向かって歩いていくものです。亡くなった人同士があの世で再び会えたとしても、別々に歩いていく理由は、私にもまだよくわかっていませんが、やはり現世での関係性が大きく関わっているのだと思います。

1回会えば、お互いに満足する人もいるでしょうし、片方だけが「一緒にいたい」と思っても、もう片方が「自由でいたい」と思えば、それで離れることになるのでしょう。

Tさんのご両親がそうならなかったのは、ひとえにお父さんのお母さんへの思いが強かったからのようです。お母さんも「そこまで思ってくれるなら」とお父さんを受け入れ、一緒にいることを承諾したと言っていました。

ご両親のあの世での様子を聞いて、Tさんも心から安心したようです。そして「自分が死んだときも両親に会いに行きたい。どうすれば会えますか？」と聞かれました。

「Tさんの場合は、お母さんが迎えにきてくれるようですよ。それからお父さんのところまで案内すると言ってはります。ただし、ずっと先のことだと思いますけどね」

と言うと、Tさんの表情が明るくなりました。

「本物の愛」という言い方が正しいかわかりませんが、Tさんのご両親のように、亡くなる前に本当にいい関係性を築き直したご夫婦だからこそ、亡くなってからも手を携えて歩いていけるのだと思います。

また夫婦に限らず、あの世でも再会したいと思う家族に対し、「私が先に逝ったら迎えに行くね」「必ず迎えにきてね」と生前、言葉にして約束しておくのもいいと思います。それが何十年先であっても、あの世で会うのに時間差は関係ありません。

その一方で、実際はお互いを思い合っているのに、自分の気持ちをうまく伝えられず、「ありがとう」「ごめんね」がなかなか口に出せない。本音とは逆に、思ってもいないことを言ってしまうという家族も多いと思います。

「この人と、あの世でも一緒にいたい」と思うなら、今からでも気持ちを素直に伝え合って、家族関係を見直すきっかけにしてもらえたらと思います。

先に亡くなった子どもは、当時の姿で歩いている

親子が一緒にいるパターンもまれにですが、実際にあります。お子さんが先に亡くなって、親があとから逝くような場合は、子どもがあの世で親を待っているというより、親がわが子を探すことのほうが多いようです。

そんな話をすると、「どうやって探すんですか？」と聞かれます。お子さんがまだ幼いうちに亡くなってしまっていたら、親や子どもの姿が変わって、あの世で再会しても気がつかないのでは？　と思う人もいるのです。

実際のところ、みえる姿は人によって違いますし、私にみせてくれる姿もいろいろです。

ただ、親があの世にきて、自分を探しているとなれば、亡くなった当時の姿で歩いていることも多く、親が自分の子どもを間違える心配はないようです。

理屈ではなく、会いたいという意識が強ければ会えるようになっている、ということかもしれません。

その反対に、親が若くして亡くなり、子どもが親の年齢を超えてあの世に行くこともあるでしょう。「年を取った私をみて、若い母親はびっくりするんじゃないですか？」とおっしゃる人もいますが、あの世からずっと見守っていたわが子がやってくるのです。見間違えるわけはありません。

そして、お互いが一緒にいることを望めば、先ほどのご夫婦のように、一緒に歩いていくことも可能だと思います。

真実14

この世で叶わなかった夢を追うこともある

この世での生き方は、あの世にも関係する

亡くなってあの世に行った人が全員、川のほとりを歩いているとは限りません。亡くなった方のお話をたくさん聞くうちに、なかにはあの世で新しい挑戦を始める人もいることがわかってきました。

Dさんの亡くなったお母さんから、「こっちの世界にきてから、自分で目標を設定して勉強している」と教えてもらったときは、正直びっくりしました。「来世では天文学者になりたい」と言い、今は修業の真っ最中だそうです。とてもイキイキとされている様子が伝わってきました。

「お母さん、天文学を勉強されているそうですが、もともとそういうジャンルがお好

きだったんですか？」

Dさんに聞くと、首をかしげて、「どうでしょう？　星占いは好きでしたが、星座そのものに興味を持っていたかはわかりません。ただ、本を読んだり勉強したりすることはとにかく好きで、年を取ってからラジオの英会話講座を熱心に聴く姿などもみているので、新しい知識を身につけることに対しては貪欲《どんよく》だったのかなと思います」ということでした。

しかし、それだけの理由で、あの世でやりたいことをすることが許されるとも思えません。これは、おそらく特別な人にだけ与えられるような待遇です。そこで、Dさんにお母さんが歩んできた人生をうかがったのですが、それを聞いて、私も納得しました。

お母さんは勉強が好きで成績もよかったのですが、シングルマザーだった母親を亡くし、幼い妹や弟に食べさせるために高校を中退。行きたかった大学への進学もあきらめて、働きに出たそうですが、社会に出てずいぶん苦労したと言います。

すると、お母さんがカラッとした口ぶりで、こう言いました。

「生きていたときはつらいこともたくさんあったわね。〝後悔〟という言葉は使いたくないけれど、もう少し自由でいたかったのは事実ね。でも、たとえ定められた運命だったとしても、私は精一杯生きたから、いい人生だったわ」

そんなお母さんだからこそ、生きているうちに叶わなかった「勉強」に没頭できているのかもしれません。聞かせてもらった話から、この世での自分の生き方が、あの世にも関係しているんだということも確信しました。

「やらなければいけないことがいろいろあって忙しいから、もう行くわね！」と明るく告げて、あの世に戻っていったお母さん。

やはり、人は死んで終わりではないのです。

苦しい人生でも、生き切ることでご褒美をもらえる

私たちは、一人ひとり人生のテーマを決めて、この世に生まれてきました。

Ｄさんのお母さんのように、親を亡くして好きな勉強をあきらめ、生活のために早くから働かなければいけなかった人、生まれながらにからだの自由がきかない人、ひとり親で苦労した人、親に虐待されてしまった人……そんな過酷な運命を自ら望んで生まれてきたなど、信じられないかもしれません。

しかし、記憶にはなくても、私たちのたましいは何かを学ぶため、これまで何度も生まれ変わり、新しい人生を生きてきました。

一つの人生を終えてあの世へ行き、その生き方を振り返りながら、「次の人生では、こんなことを学びたい」と決めて、またこの世に戻ってきているのです。

そして、この世でどんなにつらく苦しい人生を送ったとしても、逃げ出さず、生き切った人には、あの世でオプションがもらえます。オプションという言葉を使いましたが、あの世でもらえる「ご褒美」と言ったほうが正しいかもしれません。

川のほとりを歩く以外に、あの世での人生とでも言えるような、自分らしい過ごし方をしている人たちが少なからずいるのです。

私に届くあの世の様子のなかには、次の人生に向かって勉強に没頭しているDさんのお母さんのような人もいれば、一生懸命、何かを書き続けている人、自身は若くして亡くなり、大好きだったお母さんがこの世で困らないよう、あれこれ手助けしている人もいます。

また、あの世にいる血族を探し当て、チームを組んでこの世で生きる家族を守っている人たちもいます。川のほとりを歩いている人を呼び止め、来世でどんな生き方をするのかを占う人もいて、実にさまざまです。

次に生まれ変わるために勉強をする、学校のような場所もあります。幼少の頃に亡くなったたましいのなかには、一度も川のほとりを歩くことなく、この世で生まれ変わるまでを、そこで過ごす人もいます。

あなたにとっての大切な人も、あの世でご褒美を与えられ、充実した日々を送っている可能性はあるのです。

真実15

亡くなった人は、あの世で自分の人生を振り返る

書くことで過去を振り返ったお父さん

第一章で、亡くなった人は川のほとりを歩きながら人生を振り返るとお話ししましたが、人それぞれに振り返り方は違うようです。

書くことで過去を振り返る人、話すことで過去を振り返る人、あるいは絵を描くことで振り返る人もいて、それは死後の選択の一つといえます。

たとえば、書くことを選んだ人は、キャンバスが立てかけられたような場所があり、「これは何だろう?」と関心を持って近づくと白い大きな紙が立てかけてあり、自分のことを書き出すと止まらなくなる、という感じだそうです。

Ｆさんのお父さんの場合は、川のほとりを歩き出してから白い大きな紙が何回か出てきたということです。そして、数回やり過ごしたのち、再び出てきたときに居ても立ってもいられず近寄り、白い大きな紙に書く機会を与えられたと言っていました。

お父さんは、「その作業が楽しくて、無心に書いていたら、ずいぶん長くかかってしまい、気づいたらほかの人がいなくなってしまった」と笑っていました。そして、書くことで過去を振り返り、「いい人生だった」とようやく思えたそうです。

Ｆさんに「お父さんは書くことが好きだったんですか？」と聞くと、「そうです。亡くなる直前まで、すごく細かい文字で手帳にびっしり、その日の行動を書いていました」と教えてくれました。

「ただ、あの世の大きな紙に子どもたちのことはたくさん書いたけれど、妻について書く欄は空白のままにしてしまった。50年近くも連れ添ったのに、いまだに妻のことが理解できていないのが今の課題だ」とお父さん。

Ｆさんによれば、お父さんは遊びに出かけることもなく、趣味は読書だけれど、読む本はすべて図書館から借りていたとか。お父さんはまったく無駄遣いをしない人でしたが、専業主婦だったお母さんは対照的に洋服や化粧品にお金を使い、趣味の歌にも投資を惜しまないなど、夫婦のお金の価値観はまるで違っていたと言います。

「でも、理解はできなくても、ちゃんと愛していたとお父さんは言っていますよ。お母さんは生きる喜びを体現している人だったから、そういう妻の伴侶《はんりょ》として、自分は幸せだったことは間違いないって。お母さんのいいところを、もっと探して書き込むつもりだと言ってはります」

お父さんはまた、娘のFさんと亡くなる前に自宅のベッドで他愛のない会話をたくさんして、それが楽しかったとも言っていました。

「自分にはやっぱり子どもが一番だったと、過去を振り返ってあらためて思ったみたいですね。お父さん、うれしそうにしてはりますよ」

それを聞いたFさんは、「父の言っていること、ものすごくよくわかります。間違いなく、父ですね」と言いながらほほえんでいます。

Fさんは、私のところにこられる1、2週間前から、なぜかお父さんのことばかり頭に浮かんでいたそうです。

それに対して、「この日はどうしても娘とおしゃべりしたかったから、そう仕向けたんだ」とお父さん。

たとえ亡くなっても、親子の仲が変わることはありません。仲よし親子は仲よしのまま。お父さんは過去を振り返るうちに、どうしても愛娘《まなむすめ》に会いたくなったのかもしれません。私とFさんが出会ったのも、偶然ではないんだなと思えました。

真実16

生きているときが華、この世こそがパラダイス

死後の世界では、すべてがぼやけている

生きている延長線上にある死後の世界は、人によって、とてもドラマチックにうつります。だからといって、パラダイス（楽園）ではないというのが私の見方です。

やはり、生きているときが華《はな》であり、この世こそがパラダイスです。それは、生きていればうれしいことも、しんどいことも、生身で感じることができるからです。

その反対に、あの世へ行ってもたましいはありますが、肉体がないので五感を使って生きることはできません。悲しく、つらい思いをしなくて済む代わりに、「料理がおいしい」「楽しくて幸せ」「おかしくて笑いが止まらない」といったことも、今のように感じられません。

「ぼやける」という言い方が近いと思いますが、何をやってもボヤーッという感覚になるのだと思います。悲しみも喜びも、生きているときほど実感できなくなります。亡くなったあとの世界は、それほどカラフルではなく、単調になってしまうのです。

生きていると、悩むことも多いと思います。しかし、悩めるのは幸せなことでもあります。悩むのは生きている証拠であり、悩みがあるからこそ、解消できたときに、うれしい気持ちになるのです。

死んだら、悩んだり落ち込んだりすることもない代わりに、心から楽しんだり、思い切り笑ったりすることもなくなるのです。

だからこそ、今を全力で謳歌してほしいというのが私の考え方です。「生きていくのはときにしんどいけれど、人生が楽しくなるように常に努力し、工夫していくことが大切です」と、いつもお伝えしていますし、この世で過ごす時間は有限であることを、ここでみなさんに念押ししておきますね。

第四章
亡くなった人の知られざる力

真実17

亡くなった人は、不思議な力を持つこともある

「お母さんを連れていこうか」と言った父親

Gさんは、一緒に暮らしているお母さんのことで相談にこられました。普段から言い合いが絶えず、お母さんが言うことにGさんが少しでも反論しようものなら、お母さんからその3倍ぐらいの怒りが返ってくるとか。それがストレスで、最近はお母さんと顔を合わさないよう自室にこもる時間が増えてしまったと言います。

本当は実家を出たいのですが、1年前にお父さんが亡くなり、高齢のお母さんを一人残していくのはしのびない、けれども自分のがまんにも限界があるというお悩みでした。

すると、Gさんの亡くなったお父さんが、そばにきてくれたのがわかりました。

そのことを伝えると、「お母さんを何とかしてくれない？」とGさん。そのとき、お父さんの口から出たメッセージは予想外なものでした。

「半分冗談だとは思いますが、『だったら、あの世へ連れていこうか？』と言ってはりますよ」

それを聞いたGさんの表情がこわばったのは、当然かもしれません。このお父さんなら、冗談ではなく、本当にお母さんをあの世へ連れていける力があると私も感じました。

なぜなら、お父さんも生前、妻との関係に悩んでいたのです。自分は妻のきつい態度に疲れて、貝のように口を閉ざすことに決めたそうですが、今は娘が自分の代わりに悩んでいると思うと、いたたまれない気持ちになったようです。

「そのほうがお前もラクだろう？」と言います。

Gさんが思わず「どうやって連れていくの？」と聞くと、「一瞬で」と答えたお父さん。Gさんはお父さんにそんな力があるのか、いぶかりながらも、その真剣な言い方に怖くなったのだと思います。

「ううん、まだ連れていかなくていいよ」と言って、お父さんを止めていました。

ただ、「お母さんをあの世へ連れていく」という言葉には、本当に連れていったら後悔するのはお前だよ、という意味も含まれていたと私は思います。

ソリの合わないお母さんと生活することは、Gさんにとっての人生の学びでもある気がしたのです。

Gさんにお母さんの性格を聞くと、社交的で世話好き、友人が多い一面もあると言います。娘が母のひと言、ひと言に腹を立てている一方で、そんなお母さんを明るくて楽しい人だとみる人もいるということです。つまりは、捉え方によって、その人のみえ方は180度変わるのです。

お母さんとの暮らしも、「母のせいで、ひどい目に遭っている」と思えば、つらくて仕方ありませんが、発想の転換で「母のおかげで人間力を鍛えられている」と思えば、多少は気持ちのゆとりが生まれるかもしれません。

お父さんも、「妻と向き合うことを避けてきた。妻のせいで自分たちの関係が悪くなったと、どこかで思っていた。娘には自分と同じ後悔をしてほしくない」と言います。

それが、人生の学びなのです。お母さんと一緒にいながら、自分の気持ちをうまくやり過ごし、自由で快適に生きる手段は必ずあるはずです。

それに、Gさんが仮に家を出れば、問題がすべて解決するかといったらそうではなく、また別の人間関係で、似たような試練を与えられる可能性もあります。

「だったら親とぶつかるほうが、他人とやり合うよりは気がラクかもしれませんよ？」と言うと、「たしかにそうですね。母から逃げずに、何とかうまくいく方法を考えてみます」と言って、帰っていかれました。

お母さんが、娘さんを幸せにしてくれるわけではありません。娘さんが今、幸せか、不幸かは、娘さんのものごとに対する捉え方次第で決まるのです。お父さんは結局、そのことを言いたかったのかもしれません。

遺産相続をきっかけにわかった、母の本心

あの世に行った人が、この世の人の命を奪えるなんて、にわかには信じがたい話です。しかし、まれにそういう力を与えられる人もいます。それは念の強さ、思いの深さで決まるようです。

ある相談者の亡くなったお母さんも、そうした力を持った一人でした。

その方は、遺産相続についての悩みで私のところにこられました。その家にはいくつかの不動産があり、そのうちの一軒が亡くなったお母さんの名義になっているそうです。

「遺産を相続するきょうだいが3人いて、名義を誰かに変更すると不公平になるので物件を売って現金にし、3等分しようと考えているのですが、大丈夫でしょうか?」

というご相談でした。

そこに当のお母さんが登場し、「売ることは絶対にダメ」と言います。

理由を聞くと、その土地はもともとお母さんのお父さん、つまり相談者のおじいさんの持ち物で、大変な苦労の末に手に入れたものでした。そこに小さな家を建て、つつましい暮らしをしながらも、家族で仲よく過ごした思い出がいっぱい詰まっていると言います。

相談者も、そのことを思い出したようです。「そういえば、昔、母からそんな話を聞いた気がします。自分も幼い頃、祖父が建てた家に遊びに行った記憶があります。でも……」と渋い顔をしています。

すると、お母さんが激しい口調で、「おじいさんが亡くなってからは、私がこの土地を守ってきました。勝手なことをすれば、ケガ人が出ますよ」と。

このお母さんなら、本当にそれができそうな勢いです。

亡くなったあともそこまで執着するということは、生前のお母さんは、その土地に対してよほど強い思いがあったのに違いありません。

相談者もお母さんの気性をよくわかっていて、結局、お母さんの思いを最優先にし、きょうだいの代表を決めて、名義を変更することで落ち着いたそうです。

遺産相続の問題は複雑ですし、「元気なうちに死んだあとの話なんて、縁起でもない」とおっしゃる方もいますが、あの世まで遺恨《いこん》を持ち越さないためにも、話し合うべきことは早めに済ませ、きちんと決めておくのがよいと思います。

真実18
お墓参りを突然やめると、異変が起こることも

手を差し伸べなくなったご先祖さま

Uさんは、自分が離婚したあと、息子さんが引きこもりになってしまったというご相談でこられました。学校にも行かず、部屋に閉じこもっている息子をどうすることもできず、悩んでいると言います。

よくよくみると、Uさんの娘さんも具合が悪そうです。

Uさんに聞くと、婦人科系の病気がみつかり、手術をするか、もう少し様子をみるか、医師と相談しているところだということでした。

そのとき、「お墓参り」という言葉が届いたので、「お墓参り、していますか？」と聞くと、Uさんは「えっ」と言って、バツの悪そうな顔をしていました。

Uさんによると、離婚後、家族で暮らしていた家から旦那さんだけが出ていき、Uさんと息子さん、娘さんは以前と変わらない生活を送っていました。ただ、離婚したあとは、旦那さんのご両親のお墓参りをピタッとやめてしまったそうです。

それだけでなく、まだ家に残っている仏壇に手を合わせることもやめてしまったとのことで、仏壇はほったらかしにしていると言います。

「そのことが息子さん、娘さんに影響しているみたいですね。これまではUさんがご先祖さまを敬《うやま》い続けてきたことで、家族が守られていたんです。でも、ご先祖さまにとってうれしいことを急にやめると、こういう状況が起こりやすいんです」

これは、急にお墓や仏壇の手入れをやめたことをご先祖さまが怒って、嫌がらせをしているわけではありません。

ご先祖さまがいったん、家族を見放すことによって起こる現実をUさん親子に突きつけ、「今まで先祖に守ってもらっていたんだと、ようやく気づいてくれたかい？」というメッセージを伝えたかったのだと思います。

逆に考えると、お墓参りをしてくれることをご先祖さまは本当にうれしく思っていたのです。だから、「こちらもできることをしよう」と、さまざまな場面で手を貸してくれていたのでしょう。

しかし、ご先祖さまがその手助けをやめれば、何かが起きても、おかしくありません。

「かなり遠い場所にあるのですが、それならお墓参りを再開します。そうしたら、息子はまた学校に行けるようになりますか？　娘も手術せずに済むでしょうか？」と、Uさんに真剣なまなざしで聞かれました。

「義務感だったり、自分の利益のためにお墓参りをしても、ご先祖さまは喜びません。わざわざお墓に行かないにしても、仏壇に手を合わせてお祈りすれば、許してくれるはずですよ」とお伝えしました。

そうすることによって、息子さん、娘さんの状態がよくなるイメージも届きました。

みなさんにも思い当たることはないでしょうか？　同じようなシチュエーションで

はないにせよ、何か理由があってお墓参りに行けなくなったとしたら、今いる場所からでもかまいません。ご先祖さまに手を合わせ、行けない事情を話してみることをおすすめします。

墓じまいをすると、先祖は怒るのか

「墓じまいをしたいのですが、ご先祖さまに怒られないでしょうか?」といったご相談が最近、増えています。

多くはご夫婦だけでお子さんがいない人、現在シングルの人、自分が一人っ子で、嫁いだあと遠くに引っ越してしまったので、実家のお墓の世話ができないという人もいます。

なかには「うちの子どもたちは、きっとお墓の面倒をみないでしょうから」とおっしゃる人もいて、事情はさまざまです。

今は時代が変わり、「自分が死んでもお墓にこなくていい」と考える人もいます。

それで、樹木葬や納骨堂での永代供養を選ぶ人も増えているのでしょう。

たとえお墓がなくなっても、「これからも供養していきたい」という気持ちを持ってお墓をしまえば、亡くなった人が怒ることはありません。また、今あるお墓が遠いという人は、自分の住まいの近くに遺骨を移す改葬をしてもかまいません。


ただし、お骨を移す前に、一度は家族みんなで、もとのお墓に行くことを私はおすすめしています。「こういう理由があって、お骨を移します」と話しかけてあげることで、ご先祖さまが納得しやすくなるからです。

一番避けたいのは、勝手にお墓を撤去して、ご先祖さまを怒らせることです。先ほどのUさんのように、家族の生活や健康に深刻な影響が出る場合もあります。

また、家族と相談しても話がまとまらない、自分一人でやるしかないというときも、ご先祖さまに対して、「こんな経緯があって決めました」「何月何日、このようにしますね」と報告に行くことをおすすめします。

改葬する際は、「新しいお墓に、なるべくこまめに通ってほしい」と願うご先祖さまもいます。

たとえば、娘さんが北海道に住んでいて、秋田のお墓から北海道にお骨を移すとしたら、ご両親にとっては馴染《なじ》みのある土地から見知らぬ土地に引っ越すような感覚があるのです。なのに、「近いのに誰もこない」となれば、面白くありません。

また亡くなった方の性格によっても、違いはあると思います。

たとえば、亡くなった人がめったにお墓に行かなかったような人なら、子孫にも多くを求めないでしょう。

一方で生前、お墓参りにせっせと通っていた人なら、自分がお墓に入ったあと、子どもや孫たちが誰もこないと、いい気持ちはしないはずです。

「親の跡は自分が継ぐ！」と啖呵《たんか》を切ったのに、お墓には見向きもしないという子どもに対しては、「約束を守ってくれなかった」と、こころよく思わない可能性はあります。

実際に、突然の原因不明の病気や痛みで苦しんでいる相談者をみさせてもらうと、

「お墓が荒れている」「位牌《いはい》がホコリをかぶっている」と届くこともあり、きれいにお掃除をしたらすっかり元気になったという、嘘のような本当の話もあります。

もちろんお墓のあるなしにかかわらず、ご先祖さまへの感謝を忘れてはいけません。墓じまいをしたあとも、仏壇に手を合わせたり、心のなかで話しかけたりしてあげることで、ご先祖さまは喜んでくれるのです。

真実19

死に目に会えないのは、亡くなった人の「強い思い」によることもある

自分の最期をみせたくなかった母親

Lさんは5年前にお母さんを亡くしました。死因は心臓発作で、お風呂のなかで亡くなったそうです。

その日はちょうどお母さんの誕生日で、Lさんは早めに仕事を切り上げ、ケーキを買って久しぶりに実家に行くつもりでした。ところが、その日に限って小さなトラブルがいくつか続き、Lさんがすべての対応に当たったため、すっかり時間が遅くなってしまいました。

Lさんはお母さんに事情を説明し、電話で「ごめん、今日は行けなくなったから、明日行くね」と言って延期したのですが、その日の夜に、お母さんはお風呂で亡くな

ってしまったのです。

Lさんは、そのことに大変なショックを受けたそうです。トラブルなんてほかの人に任せて早く帰っていれば、最後の誕生日を一緒に祝うことができた。母の顔をみて、一緒に笑って、話もできたはずなのに、自分のせいで一人で逝かせてしまった……と、5年以上悔やみ続けていると言います。

すると、亡くなったお母さんからメッセージが届きました。

「お母さんは、亡くなる姿をLさんにみられたくなかった。だから、こなくてよかったと言っています。今は、あの世でとても元気にしてはりますよ」

それを聞いて、Lさんは信じられないという顔をしていましたが、「母はたしかに、おしゃれで自尊心の高い人でした。自分のそういう最期を娘にみせたくなかったというのは、とても母らしいです。サトミさんにそう言われて、ずっと後悔していた気持ちが少し軽くなりました」と言ってくれました。

同様のケースはほかにもあります。また別の相談者は、最愛のお父さんを看取《みと》れなかったことで10年以上も苦しんでいました。

その方は、入院が長引いていたお父さんに毎日、面会しに行っていたのですが、亡くなる前日の夜、いつもなら「もういいよ、早く帰りなさい」と言うお父さんが、「もう帰るのか。明日はなるべく早くきてくれよ」と言うので、「珍しいな」と思いながらも、「わかった、明日一番でくるからね!」と病院をあとにしたそうです。

ところが翌朝、自分の体調が悪くなり、午前中は行くことができませんでした。そこに病院から「お父さんが息を引き取った」と連絡がきたのです。悲しみのあまり床に倒れ込み、起き上がることができなかったと言います。

娘さんにすれば、ここまで一生懸命尽くしてきたからこそ、「なぜ、その場に自分がいなかったのか?」と自分を責め、看取れなかった後悔がさらに大きくなったのでしょう。

しかし、実はお父さんが、亡くなるぎりぎりになって「やはり自分の最期は娘にみせたくない」と願ったのです。「その願いが叶えられ、お父さんは満足していますよ」

とお伝えしました。

最期は家族に看取られてこの世を去りたいと思う人もいれば、どんなに家族を愛していても、「苦しんで死ぬ最期の姿をみせたくない」と、看取られることを望まない人もいます。

がんばってお世話したけれど看取れなかったという人は、それが本人の望みだったと思ってください。

簡単に気持ちを切り替えることは難しいと思いますが、あの世にいる大切な人に、いつまでも悲しむ姿をみせることは、供養にはなりません。

後悔の言葉を伝えて謝るより、明るく前向きに生きる姿をみせてあげたほうが、亡くなった人も安心してあの世での時間を過ごせることを知っておいてほしいと思います。

真実20

動物霊もいる
たちの悪いイタズラをする

大蛇の霊にとりつかれた別荘

動物霊として昔から有名なのは、狐《きつね》でしょう。いわゆる「狐つき」は、狐の霊が人に乗り移ることを言います。

おじいさん、おばあさんから「狐さんは怖い」と聞いたことがある人もいるでしょう。

私のところにくる相談者のなかには、狐だけでなく、狸《たぬき》や蛇《へび》などの霊が乗り移っていた人もいます。

Qさんの場合は、巨大な蛇でした。その蛇の霊がQさんの別荘にとりついていたのです。

Qさんが異変に気づいたのは、別荘を買ってしばらく経った頃。Qさんご夫妻は日頃から仲がよく、毎週末、共通の趣味であるゴルフを楽しんでいました。それが高じて、好きなゴルフ場の近くに別荘がほしいと、家から車で2時間ほどの郊外に手頃な物件を手に入れたそうです。

ところが、念願の別荘に通い始めてから、夫婦の間で理由のはっきりしないケンカが絶えなくなったのです。そのイライラから仕事にも影響が出て、会社でもトラブルが続いたそうです。

それだけではありません。ある日、警察から「お宅に空き巣が入った」と連絡がきました。すぐ別荘に駆けつけると、たいしたものは盗られていませんでしたが、何人かが土足で家に上がり込んだらしく、床が泥だらけになっていました。

Qさんをみさせてもらうと、まず二つのイメージが届きました。

一つは、その別荘を買ったタイミングがよくない。早すぎたというもの。もう一つは、先ほどの大蛇の姿です。リビングを埋め尽くすほどの大きさで、とぐろを巻いています。

どうやらこの土地に根づいている生き物のようで、Qさん夫妻を家から追い出したがっています。

すると、また別のメッセージが届きました。「あいさつを逆に」と届いたので、「〝おはよう〟と〝おやすみ〟、〝行ってきます〟と〝ただいま〟、〝いただきます〟と〝ごちそうさま〟を逆に言ってみてください。私も不思議なんですけど、そうすることで時間がずれて、タイミングが合ってくるようですね。そうすれば、つき物も家から離れていくはずです」とお伝えしました。

あまりによくないことが続くので、別荘を手放そうかと考えていたQさんですが、「すぐに夫にも話します。とにかくあいさつを逆にしてみます」と言って、帰っていかれました。

その数カ月後、Qさんたちのケンカは急激に減り、もとの仲よし夫婦に戻ったそうです。大蛇の姿も、家からすっかり消えていました。

Qさんに限らず、家を新しくしたり、引っ越しをしたのを境に、夫婦ゲンカが増えたり、何をやってもうまくいかない時期が続くという場合は、家そのものが原因かもしれません。

それで離婚してしまうご夫婦もいます。夫婦仲をこじれたままにすると、お互いのエネルギーを消耗してしまい、取り返しのつかないくらいに関係が悪化することがあるのです。

思い切って、家を手放したほうがいいケースもあります。

それは動物霊ではなく、人の霊がついている場合。しかも苦しみや憎しみを持っていて、成仏できていない場合です。

たとえば、ある土地に以前病院が建っていたり、付近の土木工事で過去に大事故があったりしたとしたら、その場所に因縁《いんねん》のある霊たちが、主《ぬし》のように住みついていることがあります。「近寄るな！　ここは俺たちの場所だ」という怒りのエネルギーが、夫婦ゲンカやトラブルを起こすことも考えられます。

夫婦ゲンカに限らず、引っ越しした途端に体調を崩したり、周囲との人間関係が悪化したりするなど、何かしら異変を感じたら、黄色信号です。古い神社などが近くにあれば、その土地にまつわる歴史を聞いてみるのもいいかもしれません。

動物霊は自分の存在に気づいてもらいたいだけ

動物霊にはQさんの例のようなひどい悪さをする霊もいますが、ほとんどの動物霊は人にちょっかいを出し、困るのを喜びにしているだけで、もともと力は弱く、大きなことはできません。いわゆる〝話し合い〟で離れてくれることのほうが多いのです。たとえば、相談者のなかには、まさに狐にとりつかれて私のところにくる人もいます。

その人は夜のお仕事をしている方で、「ひざが痛い」というお悩みでした。たしかに何かがひざに食いついていて、よくみると狐でした。

恐ろしい形相《ぎょうそう》をみせていますが、そんなに怖がることはありません。彼らの話を聞いて、「わかったから、もうやめて」と言えば、お祓《はら》いなどをしなくとも、自らどこかへ行ってしまいます。この狐の霊も、「話を聞く代わりに、もう悪さはしないでくださいね」と伝えたところ、気が済んだのか、すぐに離れて、どこかに行ってしまいました。

もっとも多いのは、「自分の存在に気づいてほしい」という承認欲求で、人につくケースです。動物霊にとりつかれた人の特徴として、普段食べないものを食べたくなる、いつもとは違う言動をする、別人のような気性になる……といった傾向があります。

それでまわりから「最近、あなたらしくない」と指摘され、おかしいなと気づく人もいます。

また、理由はわからないけれど、首が痛い、肩が重い、腰に違和感があると感じたときも、その可能性があります。ある相談者は、首がものすごく痛くて、病院に行っても原因がわからず、私のところにいらっしゃいました。

私が「蛇の霊がついていますね」と言ったところ、霊はその場で取れて、痛みも嘘のように消えてしまいました。きっと誰かに存在を知ってほしかったのでしょう。

自分で動物霊の存在に気づくのは簡単ではないでしょうから、常日頃から、そういう動物霊にとりつかれない生き方をするほうがいいと思います。

動物霊は、疲れて体力が落ちている人、弱気になっている人につきやすい傾向があります。たとえば不規則な生活が続いて、体調が悪いときなど、自分で「体力（エネルギー）が落ちている」と感じることがあるはずです。

できればそういう状態にならないよう、日頃から栄養のある食事を心がけ、睡眠もしっかり取るなどして、体調管理をしておくことをおすすめします。

また、お風呂にひとつかみの塩を入れた〝塩風呂〟に入ることも効果てきめんです。

真実21

自分で災厄を払う方法がある

清浄なエネルギーを浴びに行く

あなた自身が何か異変を感じ、何かがついていると感じたとしたら、追い払いたいと思うでしょう。

自分自身でできることはいくつかあります。

一つは、自分にとりついた霊に向かって「出ていって」とはっきり伝えることです。

動物霊は基本的に力が弱いためか、とりついた人への執着も、それほど強くありません。「この人は自分をみることもできないし、話も聞いてくれない」とわかれば、自ら離れていく霊も多いので、「ここにいても何もできないよ。出ていって」と直接、霊に教えてあげるのです。

そして、自分のまわりにバリアを張るイメージをしてください。

それでも不運が続くときは、あなたのエネルギーが落ちていたり、弱っていたりするサインです。その場合は、自分のエネルギーを浄化し、強めていく方法をおすすめします。

たとえば、近所などによくお参りに行く「氏神《うじがみ》さま」（自分の暮らす地域に住む神さま）がいれば、そこにお参りするのがベストです。「いつもありがとうございます。一生懸命生きていきますので、みていてください」と言って、手を合わせるといいと思います。

ただし、本当に弱っているときは、神社にいる別の動物霊を連れて帰ることもあるので、要注意です。

特に、そんなときは、これまで行ったことのないお寺や神社にはお参りしないほうがいいでしょう。

また、遅い時間は避けて午前中に行ったり、「神聖な場所にお邪魔する」という気持ちで、姿勢を正してお参りしたりするのがよさそうです。

行き慣れた神社を持たない人は、自然の力を借りるのもいいと思います。

私が経験したなかでとても印象に残っているのは、雪景色です。私自身がとても落ち込み、迷っていたとき、滋賀県の田園地帯に広がる真っ白な雪の世界に偶然出会い、悲しくもないのに勝手に涙があふれて、私のエネルギーを元気にしてくれたのがわかりました。

自然には偉大な力があります。雪でなくても、海や山はもちろん、森林浴をしに行ったり、滝のそばまで行ったりするのもいいと思います。

悪いエネルギーを寄せつけない秘訣とは

私が日課にしているのは、朝一番に、晴れていても雨が降っていても、太陽の方角に向かって、あいさつをすることです。

「おはようございます。私はここにいます。いつも守ってくれて、ありがとうございます」

「私はここにいます」が重要なところで、居場所を知らせることで、おひさまとコンタクトが取れるように感じます。

私はこれを毎日、ずっと続けていますが、元気がわいてきて、背中がシャキッとします。

自分のエネルギーをチャージしてくれるボディスーツを着るような感覚です。

今日一日を生きる宣言の一つです。

そして、その感覚のまま、自分で自分を守る意識を持って、家を出ます。

何も考えずに生きるというのは、無防備に生きているのと一緒だと、私は思っています。

自分を守る意識を持って、直感的に「あの暗い道は嫌だな」と思ったら、避ける。

電車のなかで、「あの人、なんだか近寄りたくないな」と思ったら、スッと離れる。

そうやって勘を働かせ、危うきに近寄らないように心がけていると、自分の運気を下げるような悪いエネルギーを防御することができます。

また、自分で自分を守るために、いつも謙虚さを持って生きるよう心がけています。

第五章
亡くなったペットが伝えたかったこと

真実22

ペットは飼い主の愛情をちゃんと感じている

主人の身代わりになった犬

ペットを家族のように思っている人は多いと思います。わが子のように話しかけ、ちょっとしたしぐさに感動し、病気になったら自分のことは後回しにしても、その子の世話をして、無条件に愛情を注いでいるはずです。

そんな大切なペットが亡くなってしまったら、自分の心の一部を失ったような悲しみに打ちひしがれてしまうこともあるでしょう。

しかし、飼い主の愛情を、ペットもちゃんと感じています。「お別れは寂しいけれど、家族に愛されて幸せだった」と感じて、旅立つペットがほとんどです。

私のところには、見送ったペットがあの世で元気でいるか知りたい、あの子の声を聞きたい、とこられる人もいます。「かわいがってくれてありがとう」「あごの下をなでられてうれしかった」とお礼を言いにくる子、「お母さんがくれるおやつが好きだった」と言う子もいて、届くメッセージもいろいろです。

「突然、死んだから驚いただろうけど、数日後に死ぬことが何となくわかって、それを知らせようとお母さんのまわりを、いつもよりたくさん回ったんだよ」という思いを伝えてくれた子（猫）もいました。

それぞれが飼い主さんとの思い出を語ってくれます。そして、彼らは飼い主さんがこれからも幸せでいてくれることを願っています。

たとえ関わる時間が短かったとしても、「この子はうちにきて本当に幸せだったんだろうか？」なんて思いを引きずらなくていいということを、まずはお伝えしたいと思います。

なかには大切にしてくれた飼い主さんに恩返しをしたいと、自分の命を捧げるペットもいます。

ある相談者は、苦しんで亡くなったペットが気になるとこられたのですが、その子

（犬）は、飼い主さんが病気になるはずだった災いを、自分が身代わりになって引き受けたようです。

「かわいがってくれたお返しをしたかった」という思いが伝わってきて、その子はまったく後悔していませんでした。

ペットにそんなことができるのかと不思議に思う人もいるかもしれませんが、実際にそのようなペットの思いは届くのです。また、そういう役割を持って、その家にくる子もいます。

では、残された人間はどうすればいいのでしょうか。飼い主さんがいつまでも悲しみのなかにいるのを、亡くなったペットは喜んでいるでしょうか？

そんなことはありません。ペットたちは、今を楽しむ達人です。人間のように過去のことをくよくよ考え続けてしまうなんてことはしません。

私たちも彼らと同じように、今を楽しむことに集中すれば、人生はもっと面白くなります。それが、亡くなった彼らの気持ちに報いることになるのです。

真実23

愛情が重いと、ペットは病気になりやすい

ペットが「気づきのチャンス」を与えてくれる

愛情をかけすぎると手のかかる子に育つと言いますが、ペットにも同じ傾向があります。実は、愛情が強すぎる飼い主さんのペットには、病気になる子が多いのです。ときに、自分の生活よりペットを優先してしまう飼い主さんがいます。よく聞くのは、「ペットがいるから旅行に行けない」「仕事で家を空けて、一人にするのが心配」というものです。冬なら「寒くないかな？」、夏なら「エアコンを入れてきたけど、涼しすぎないかな？」と、離れていると気になって仕方ありません。

でも、彼らにとっては「愛情が重たい」と感じてしまうこともあるのです。本人たちの声を聞くと、「もう少し放っておいてくれていい」「あずけてくれても平気」。なの

に、飼い主さんが必要以上に気にすることで、余計なストレスを与えてしまうのです。「自分がいてあげないといけない」という使命感を持っている人もいるでしょう。けれども、それが病気という形で発現してしまうのは、飼い主さんにとっても望む結果ではないと思います。

多頭飼いをしている飼い主さんの場合は、一番かわいがっている子が、もっとも病気になりやすいようです。もちろんほかの子たちのことも大事だと思いますが、病気をする子は心配だから余計に気持ちが集中し、さらに愛情が増していくのです。するると、繰り返し病気を誘発する。そうなると、ほかの子たちに愛情を分散するどころではなく、逆に一点集中してしまいます。

ある飼い主さんは、「この子がいなかったら、自分も生きていけない」と言うほど愛情が深すぎて、獣医さんに「もう自然に任せましょう」と言われても医療行為をやめず、治療によって寿命を数カ月延ばしてしまいました。

その飼い主さんにとっては、ペットとともに過ごせた貴重な数カ月だったかもしれません。しかし、亡くなったペットからは「もうこの世を去りたいのに、それができなかった」というメッセージが届きました。からだの限界を超えて命を延ばすなんて、本来やってはいけないことなのです。

飼い主さん自身が入院し、家を空けている間にペットの病気が回復したという例もあります。

原因不明の脱毛症でお腹の毛が抜けてツルツルになってしまい、動物病院に通っていたのですが、飼い主さんが退院する頃には新しい毛が生えそろっていたそうです。ただし、そのことでペットが飼い主さんを責めることはありません。ただ黙って、飼い主さんが気づいてくれるのを待っています。

もちろん感情移入をしすぎるのが間違いなのではありません。特にお子さんのいないご夫婦のところにくる子は、人間の子どもの役割も担っています。

ペットのおかげで夫婦仲が安定しているというご家庭もあるでしょう。彼らは二人から愛されること、大事にされることで自分の使命を果たそうとしています。

ですが、やはり、やりすぎはよくありません。ペットだけをみつめる人生を、彼らは決して歓迎していません。それはたしかなことだと思います。

真実24

ペットの遺骨は家に置かないほうがいい

ペットの気持ちと飼い主の気持ちは違う

ペットへの愛情が強すぎる飼い主さんのなかには、遺骨をお墓に入れられないという人も多いようです。しかし、そのままでは、その子は成仏できません。

ある飼い主さんは、歴代の猫たちの骨つぼが家に五つもありました。10年以上前に亡くなった猫の骨つぼもあり、そばにはそれぞれの写真、お水とエサの缶詰をお供えしてあると言います。飼い主さんが毎日手を合わせる様子もみえました。

「ずいぶんかわいがっていたんですね。でも、お骨を手放さないと、その子たちが成仏できませんよ。成仏しないとあの世に行けず、生まれ変わりが遅くなります。全部いっぺんには無理でも、先に逝った子から少しずつお墓に移してあげたほうがいいですね」とお話ししました。

ペットも人間と同じで、この世で自分たちの一部に執着している人がいると、思いに引っ張られて、あの世へ行くことができません。

すると、「あの子たちが今の状態を喜んでいないのはわかりました。でも、納骨堂や合同の墓は自分と切り離され、関係が断たれてしまうようで気が進みません。庭に埋めるのはダメですか？」と飼い主さん。

亡くなった猫たちに聞いてみると、あまりうれしくはないけれど、合同のお墓に納めることでお母さんの気持ちが落ち込んでしまうなら、庭でもいいと言います。

「そのことで、しっかり死を受け入れて、思い出にしてほしい」というのが、彼らの願いでした。

自分が元気なうちはお骨を手元から離さず、死んだらあの世で一緒にと言っても、おそらくそのようにはならないと思います。

「勇気を出して納骨することで気持ちに区切りをつけ、『先に向こうで待っててね』とあの世へ送り出したほうが、亡くなった子たちも喜んで会いにきてくれると思いますよ」とお伝えしました。

真実25 あの世でペットに会えることもある

愛するペットと川のほとりを歩ける人もいる

動物が亡くなると、人間とは違う世界に行くと思っている人もいますが、私たちが「あの世」や「天国」と呼ぶ場所には動物たちもいます。

したがって、飼い主が、成仏したペットとあの世で再会できることもあります。会えるだけでなく、一緒に川のほとりを歩ける人も、ほんの少数ですが、います。本当にきずなの深い関係であれば、そうなるのだと思います。

実際のところは、ペット側の気持ちのほうが大事です。飼い主さんが呼べばくるというより、その子が「あの世にきた飼い主さんのそばに行ってあげたい」と思えば、きてくれます。

ペットにも、次の人生があります。人間の片思いだけでは、思う通りになりません。

ただ、寝る間も惜しんで看病してくれた、いつも心からの愛情でかわいがってくれたという理由で、「こっちの世界にきたら、行けるところまで一緒にいてあげよう」「あそこまで連れていってあげよう」という出会い方はあります。

ずっと一緒にいるということではありませんが、しばらくは一緒に過ごせる、ということです。

なかには、ペットが迎えにきた人もいました。ペット1匹だけではなく、一緒に暮らしていた家族に連れられて迎えにきたようです。

ペットは、いてくれるだけで家族みんなを笑顔にしてくれる存在です。

たとえからだが弱っても、目は純粋さで満ちていて、命が終わる瞬間まで、「楽しく生きよう」としています。人間もその生き方を見習って、この世で過ごす時間を無駄にしないでほしいなと思います。

第六章

〝みえないエネルギー〟が出会いと別れをもたらす

真実26

〝自分の心の支え〟が人に影響を与えることがある

ぬいぐるみに宿った、悲しいたましい

私たちは一人ひとり、固有のエネルギーを持っています。

固有のエネルギーを「オーラ」と呼ぶ人もいるようですが、私には色ではなく、それぞれ大きさや形が違う、白っぽい光が人間を包んでいるようにみえています。そして、その光は「その人自身を守る力」であると理解しています。

その人のエネルギーの状態がいいか悪いかは、すぐにわかります。

相談者にお会いした瞬間、「何かよくないことがありましたね?」と私に言われて、ドキッとする方もいらっしゃいます。何かしら問題を抱えている人のエネルギーは、たいてい重く沈んでみえます。

また、大切な人を亡くされた深い悲しみで、エネルギーが停滞してしまっている人もいます。

反対に、「最近、調子がいいですよね？」と言うときは、軽さがありながら、エネルギーが強く大きくみえています。

そして、そのエネルギーは、ときに家族、夫婦、親子、友人など人間関係の相性といったものや、人生そのものに変化をもたらすこともあります。

Xさんは、とても重たいエネルギーの状態でこられました。

「私、結婚できるでしょうか？」とのご相談だったのですが、私に届いたメッセージは「ふわふわしたもの」。

それにどういう意味があるのかと思いながらも、「ふわふわしたものを何か集めていますか？」と聞くと、「ぬいぐるみでしょうか？」と答えられました。

Xさんがぬいぐるみを集めるようになったきっかけは、義父の存在です。

今は実家を出ていますが、Xさんは幼い頃、義父から虐待を受けていました。その恐怖から逃れるためにぬいぐるみを集め、毎日抱きしめて話しかけていたそうです。

そのうちに、ぬいぐるみを抱くと、安心感を得られるようになったと言います。

彼女の結婚を阻む原因は、これだと確信しました。Xさんをよくみせてもらうと、何十体ものぬいぐるみが、まるで生きているようにみえ、彼女をガードしています。

Xさんの負のエネルギーがぬいぐるみに宿り、たましいのようなものを持ってしまったのです。

もちろん、ぬいぐるみが悪いわけではありません。義父におびえ、震えている姿をみてきたので、近づいてくるすべての男性からXさんを守ろうとしているだけなのです。

しかし、このぬいぐるみに囲まれている限り、Xさんに出会いのチャンスはないと届きました。

「持っているぬいぐるみをすべて手放さないと、男性と縁が結ばれにくいようですね。お役目が終わったことを感謝して、人形供養をしてあげるといいですよ」

Xさんは、それを聞いて困った顔をしていましたが、しばらくして、「わかりました。帰ったら近くの神社で供養してもらおうと思います」と話してくれました。

ぬいぐるみを供養することで、Xさんのエネルギーも軽くなり、自分から積極的に行動も起こせるはずです。これからいい出会いがあるだろうと感じました。


実は、Xさんと同じようなことは、ペットでも起こります。

心のよりどころをペットに求めてしまい、ペット自身が「自分がこの人を守ってあげなければいけない」と使命感を持つことがあります。すると現象として、異性にまったく気が向かなくなったり、異性を寄せつけない態度を取ってしまったりすることがあるのです。

自分の心の支えになっているものは、生きていようが、いまいが、あなたのエネルギーに思わぬ作用をもたらすこともあるのです。

真実27

エネルギーのステージが変わると、つき合う人も変わる

人間関係でトラブルが起こる本当の理由

人間関係でトラブルが起こったとき、「この関係を続けていて、本当にいいのか?」を試されていることがあります。

Zさんは、同じ職場で働く10年来の友人との関係に悩んでいました。ちょうど同じ時期に、二人とも親しい友人を亡くしたこともあり、人には話せない心の内を互いに打ち明けられる貴重な相手でした。

ところが、この1年ほど、その友人がZさんに対して批判的、断定的な口調になってきたというのです。「それは違う、誤解だよ」と説明しようとしても、「いや、あなたはこういう人だ」と一方的に決めつけられます。

Zさんは急な態度の変化に困惑していましたが、信頼していた相手にたびたびケンカ腰で批判されたのではたまりません。次第に距離を置くようになったと言います。

Zさんをみさせてもらうと、その友人はZさんを〝ライバル視〟し始めたようです。Zさんよりキャリアが長く、先輩の自分のほうが上の立場だと思っていたら、Zさんが社内で活躍し始め、だんだん疎《うと》ましく感じるようになったのです。

このままでは逆転されてしまうという焦りも手伝って、Zさんを突き放す言い方になったのでしょう。

もともと二人が持っているエネルギーは、あまりよい相性とは言えません。

さらに、努力家でコツコツ自分を磨きながら成長していくタイプのZさんと、ラクすることを常に求める友人とでは、わかりやすく言えば、エネルギーのステージが違います。

今はZさんのほうが、少し高いステージにいます。ただ、10年前は同じくらいのステージにいて、たまたまお互いに友人を亡くした経験から慰め合い、「期間限定」で心を許せる関係が続いてきたのです。

今、Zさんがキャッチしているのは、「期間限定の縁の終了」を告げる合図です。「この先、自分を曲げてつき合っても、その人からは望まないものが返ってくるだけですよ」とお伝えしました。

過去にどんなに仲がよかったとしても、お互いのステージが変わると、あるときから相手の話が愚痴ばかりに聞こえて重たく感じたりするようになります。揚げ足を取ってばかりで、素直に話を聞いてくれない相手に対して、「自分の大切な時間を使えるか？」というのが、つき合いを続けるかどうかのバロメーターになると思います。

エネルギーが合わないことにお互いが気づくと、遅かれ早かれ、別れがやってきます。でも、思い切って踏み出せば、新しい出会いは必ず訪れます。

また、消耗が減るので、自分のエネルギーも強くなります。

Zさんも前に進むことで、人間関係だけでなく、仕事面でもいい変化が起こるはずです。

傷つけられても、「ありがとう」

人間関係のトラブルに関して、エネルギーの相性の悪い相手から言いがかりをつけられ、謝る理由がないのに謝ったことを後悔しているというEさんもいました。

以前、そのEさんが別の相談でこられたとき、私に届いたイメージは、「もう少しあとに嫌なことが起きる。目がキラキラした人が関わる」というものでした。そして、次にこられたとき、「まさにサトミさんに言われたことが起こったんです」と、その様子を話してくれました。

目のキラキラした人は、地域ボランティアの中心人物だったそうです。

日頃から意見の違いを感じていたEさんは、自分からは近づかないようにしていたのですが、ある日、その人から呼び出され、「あなたに言われたひと言に傷ついた。このままではボランティアを続けられない。私はやめるかもしれない」と言われて、頭が真っ白になったと言います。

なぜなら、まったく身に覚えのない話だったからです。いくら違うと説明しても譲らず、「あなたのせいだ」の一点張り。しばらく「言った」「言わない」の押し問答が続きました。

しかし、最後には相手に押され、Eさんから折れて謝ると、相手はせいせいした表情で帰っていったそうです。

Eさんは、「それから2週間、そのことばかり考えて眠れませんでした。自分は悪くないのに、『ごめんなさい』と、その相手に言ってしまった。自分で自分の自尊心を傷つけたことを、今も納得できていません」と言います。


話を聞きながら、相手がEさんに謝らせることを目的に、言いがかりをつけている様子が届きました。どうやらボランティア団体内で人望を集め始めたEさんの存在が目障りだった、というのが真相のようです。

でも、謝ってよかったのです。2週間も苦しんだのはつらかったと思いますが、逆に、Eさんが謝らなければ、相手にとっては目的が果たせず、嫌がらせがさらに続いたはずだからです。そうなれば、Eさんのエネルギーも疲弊し、どんどん弱くなっていったでしょう。

もう一つよかったのは、向こうが勝手に起こしてくれたトラブルのおかげで、この先、無理に話さなくてよくなったことです。

せっかく与えられた人生で、嫌な相手に使う時間ほど無駄なものはありません。そう考えたら、むしろ「嫌われてラッキー」です。

「向こうのほうから関係を終わらせるきっかけをくれたことに『ありがとう』と感謝して、前に進んでくださいね」とお伝えすると、「これで、やっとすっきりしました。今日からはぐっすり眠れそうです！」と言って、笑顔で帰っていかれました。

人生で関係する人には「悪役」も必要

平気で人を傷つける人がいるというのは、一見悲しいことではありますが、あなたが次のステージに進むために必要なことだと考えると理解しやすいと思います。

私にも似たような経験があります。

スピリチュアル テラーの活動を始める前、メーカーで縫製《ほうせい》職人として働いていたときのことです。職場で、ひどいいじめに遭いました。いくつかのチームに分かれて作業を進めるのですが、何年かに一度、チーム編成が変わるたびに、私をいじめる人の数が増えていくのです。

それでも私は、自分を不幸だとは思っていませんでした。なぜなら、京都で一番勤めたいと思っていた会社で働くことができていたからです。好きな仕事ができることがうれしくて、どんなにいじめられても、いつもニコニコしていました。

ただ、ストレスは自分が思うより大きかったようで、円形脱毛症になり、頭に2カ所、ハゲができたことがありました。あまりにつらいときは、自分のまわりに「結界」をつくっていました。

お寺や神社によくある、聖なる場所と、そうでない場所を分ける柵などを結界と言いますが、それを自分でつくるのです。固く透明な球体のなかに入り、守られている自分を想像して、毎日家を出るようにしていました。

職場で悪口を言われたり、嫌がらせをされたりしても、その球体がはね返してくれるイメージです。私はいじめに耐えつつ、その職場で6年弱を過ごしました。

でも、ついにどうしても許せない出来事が起こり、自分でつくってきた「結界」でも効かなくなり、会社をやめる決心をしました。

収入の安定した職を捨てるのは不安でしたが、そのときようやく、「今の自分にできることは、スピリチュアルの能力を使って人助けをすることだ」と、これ一本でやっていく覚悟ができたのです。

会社でのいじめは、私がスピリチュアル　テラーとして本格的にやっていくために必要な出来事だったと、今では感謝しているほどです。

人生で、自分が本当に望む方向に舵《かじ》を切るために、そういう一見、不運にみえる出来事が起こることは、往々にしてあります。傷つくのはたしかですが、自分にとって大事なことに気づかせてもらえます。

そういった学びとなるつらい出来事とは、人生において1回や2回ではなく、必要であれば何回でも、またいくつになっても遭遇します。

人生、50年、60年と生きたからといって、学びが終わるわけではありません。人はあの世へ旅立つまで、何かしらに傷つき、悩み、そこから何かを学び続けるのです。

真実28

パワースポットへは〝行ってもいいタイミング〟がある

パワースポットで起こったケンカ別れ

日本にはパワースポットと呼ばれる土地がいくつかあります。よく言われる伊勢神宮、出雲大社《いずもたいしゃ》、厳島神社《いつくしまじんじゃ》、屋久島《やくしま》、富士山などは、実際にエネルギーが高く、美しいエネルギーに満ちあふれた場所です。

しかし、そうした土地はまた、人を選びます。行く側のエネルギーが悪いほうに傾いていたり、よどんでいたりすると、受け入れてもらえないことがあるのです。

Pさんは7年間連れ添った旦那さんと、屋久島で決定的な別れを経験しました。2年ほど前からお互いの些細《ささい》なことが気になり、ケンカには至らないものの、夫婦仲がしっくりいかなくなっていたというPさん。神秘的でダイナミックな自然に触れ、悪いものを払い落としたいという気持ちもあり、旦那さんを誘ったと言います。

ところが、出発1週間前になって、ついに派手なケンカをしてしまい、「今回の旅行は延期したほうがいいかもしれない」という思いがよぎったそうですが、「いや、やはり行かないと、のちのち後悔するかもしれない」という気持ちが勝って、結局、行くことにしました。

しかし、壮大な自然のなかにいながら、目につくのは相手の嫌なところばかり。

「イライラが募って、ついにはお互いをののしり合う最悪の状態に陥ってしまいました。それが決定打になって夫婦仲を修復する余地もなくなり、あっけなく離婚したんです。無理に決行した私がいけなかったんでしょうか？」

Pさんの話を聞きながらまず届いたのは、夫婦間のわだかまりに対する答えを、屋久島が出してくれたということです。なにせ屋久島は、人生観を変えると言われるほど、神秘的な場所の代表格です。

そんな屋久島に、すっきりしない思いを抱えた二人がやってきたのですから、ケン力は当然のなりゆきだったと思います。

「しかも、屋久島の自然のエネルギーが、お二人をわざわざイライラさせるように仕向けてくれたみたいですね」と私が伝えると、「いずれダメになるとわかって、時期を早めてくれたんでしょうか？」とPさん。

しかし、私にはPさん夫婦が「期間限定の縁」にみえました。いいときもあったはずですが、もっと早くに、その縁は終わっていたようです。

ですから、Pさんが悪いわけでも、旦那さんが悪いわけでもありません。

冷たい言い方になるかもしれませんが、人生という限られた時間を、互いに思い合えない相手のために使ってほしくありません。それぞれの人生を歩いていくと決めることは、正解だったのです。

「屋久島で起こったことに感謝して、自分に区切りをつけてくださいね」とお伝えすると、Pさんも「そう言ってもらえて、すっきりしました」と言ってくれました。

Pさんに限らず、パワースポットと呼ばれる場所に行き、トラブル続きだった、思いがけないことが起きたという経験がある人は、少なくないかもしれません。

これは一見、悪いことのように思えますが、いずれ起こるであろうことを、地場のエネルギーが早めてくれたともいえますから、結果的には正解だったのでしょう。

ただ、パワースポットに行きさえすればいいかというと、そうではなく、パワースポットには〝行ってもいいタイミング〟というものもあります。

純粋に楽しみにしていた計画だったとしても、日程が近づき、「何となく気乗りがしない」と思った時点で、本来、行くタイミングではないことがあります。

「行けたこと」がタイミングのよかったことを示すのではなく、行くときの心の持ち方、エネルギーの状態がタイミングを決めるのです。

パワースポットにおいては、迷ったら、むしろ行かないほうが安全です。迷って行く時点で、心が後ろ向きになっています。

一方で、Pさんのように「迷っているけど、行きたい。行かなかったら後悔する！」と思えたら、行った先で何かが起こっても、それはその人にとって必要な出来事なのです。

真実29

自分のエネルギーが整うと、トラブルが減る

規則正しい生活で、乱れたエネルギーは調整できる

「最近、よくないことが立て続けに起こる。どうしたらいいでしょう？」と相談にこられる方も多いのですが、頻繁にそのように言う方には、「いらっしゃる前に、ご自身で一度、エネルギーを調整してみるといいかもしれません」とお伝えすることがあります。

私がみさせてもらったら、何もかも解消するわけではありません。

トラブルを引き起こしているのは、亡くなった人のたましいであったり、霊の仕業であったりすることもありますが、その人の心の持ち方やエネルギーの状態がよくないのが原因で、トラブルに立て続けに巻き込まれていることもあります。

自分のエネルギーの状態をよくすればするほど、トラブルは減っていき、気持ちも落ち着いていきます。

自分でできる調整方法の一つは、月並みですが、規則正しい生活を送ることです。しっかり寝る、しっかり食べる、日の光を浴びる、あいさつをする……当たり前のようですが、これができていないことでエネルギーがよどんだり重くなったりして、くよくよ悩み、ふさぎ込んでしまうことは意外と多いのです。

すると、どんどん嫌な現象が起きてきます。

たとえば、毎朝決まった時間に起きる、朝ご飯をしっかり食べる、夜は早めに寝る。この3つを継続するだけでも、乱れていたエネルギーのバランスは整ってきます。

自分にとって土台となる生活がきちんと送れるようになると、心に余裕ができて、焦りやイライラから起こるトラブルは、確実に減っていきます。

ほかにも時間をかけてゆっくりご飯を食べる、散歩を日課にする、深呼吸をする、瞑想を取り入れる、笑顔を心がける、おトイレを毎日きれいにする、などなど何でもいいのです。

それをすることで自分の心身のバランスが整う、というセルフケア方法をみつけ、習慣にすることはとても大切です。

神社への参拝で、エネルギーを清める

日頃からよく行く神社やお寺があれば、お参りすることによってエネルギーの調整をしてもらうのもいいでしょう。

ある相談者は、経営する飲食店の突然の営業不振に加えて、ご自身の体調不良でお店に出られなくなるなど、深刻なトラブルが続いていました。

ところが、お店のそばにある神社にお参りし、「エネルギーを整えてください」と毎日手を合わせたところ、まず朝の目覚めがすっきりするようになり、次第に体調がよくなってきたそうです。

そして、今のお店の状況を冷静に見直すことができ、危機を乗り越えるためのアイ

デアがわいてきて、お店をたたまずに済んだということです。

馴染みのある氏神さまの持つ土地のエネルギーが、毎日お参りにくる相談者の願いを聞き入れ、その方のエネルギーをベストな状態にしてくれたのだと思います。


ただし、第四章でもお話しした通り、そのとき持っているエネルギーが弱り切っていると、神社で悪いエネルギーをもらってくることもあります。

神社はさまざまな人がお参りするので、いろいろな〝欲〟も渦巻いていて、逆に悪い気を吸ってしまうこともあるのです。

また、神社のエネルギーとあなたの相性が必ずしもいいとは限りません。仲のいい友達と、「ここは有名だから」「パワースポットだから」と神社に行っても、片方の人だけが頭が痛くなったり、帰りに気分が悪くなったりすることもあります。

実は、そういう違和感の「ある」「ない」がはっきり分かれるのが、神社です。

何度か行ってみて、毎回、同じような感覚があれば、「自分には合わない神社だ」と思ったほうがいいでしょう。

反対に相性のいい神社と出合うと、たとえば、正殿の前に下がっているカーテンのような御幌《みとばり》が、風も吹いていないのに揺れたりめくれたりして、なかをみせてくれることがあります。それは、まさに神さまから歓迎されている合図です。

相性のいい神社がみつかったら、一人で行くのがおすすめです。

誰かと一緒だとしても、神社の鳥居をくぐった瞬間から退出するまで、おしゃべりは禁物です。神社はそれだけ神聖な場所であり、黙することは神さまに対する礼儀だからです。

「ここで神さまに身を清めてもらうわけですから、『お邪魔させてください』という姿勢で境内に入るといいですよ」と、相談者にはいつもお話ししています。

月に1回でも、そういう気持ちを持って参拝する習慣がある人は、どんなにからだが疲れていても、エネルギーのバランスが保てているように私にはみえます。

真実30

結局、生きている人のエネルギーが一番強い

無意識に生霊を飛ばしてしまうこともある

私たちは意図せず人から恨みを買うこともありますが、ときに自分が誰かを恨むこともあります。

「あの人のせいで、私はこんな目に遭っている」「謝るのは向こうのほうだ」などなど。

しかし、それがエスカレートすると、強い念というか、負のエネルギーを相手に飛ばしてしまうことがあります。その念が他人に悪影響を与えることがあるのです。

それが「生霊《いきりょう》」です。

からだのなかで、生霊がもっともとりつきやすい部位は首です。

たとえば、恋愛のトラブルから憎悪の念を募らせた人の生霊が、恨む相手の首にかみついていたり、蛇のように巻きついていたりするイメージが届くこともあります。「突然、首が痛くて動けなくなった」とこられた相談者には、「好きな男性を取られた」と恨みを持つ人の生霊がついていました。「ロングヘアで背の高い方です」とみえたままをお伝えすると、「ああ、その人が誰かわかりました」というケースもありました。

嫉妬《しっと》に駆られた生霊の顔は醜く崩れ、人間というより、獣に近い形相をしていることもあります。

ある相談者は、毎晩のように悪夢をみるようになり、私のところにこられました。「職場で先輩の女性社員からひどいいじめを受け、それを上司に相談したものの、みてみぬふりをされました。肉体的にも精神的にも限界を感じていた私は、それをきっかけに会社をやめ、家で鬱々《うつうつ》としていたのですが、その頃から同じような夢を繰り返しみるようになったんです」

その夢とは、自分が見知らぬ男女の首に日本刀を突きつけ、今にも切ろうとしている内容だそうで、起きたあとも体力の消耗が激しく、家からほぼ出られない生活が1カ月も続いていると言います。

よくみせてもらうと、相談者をいじめていたという職場の先輩と、それをみてみぬふりをしていた上司らしき人の首に、その方の生霊がとりついている姿がみえました。実は、相談者自身が二人に生霊を飛ばしていて、その様子を夢でみていたようです。そのことを伝えると、相談者は目を真っ赤にして、「そんなはずはありません！　被害者は私ですよ？」とおっしゃっていましたが、「でも、本当のところを知りたいので、その二人に何かしら変わった様子があるか、元同僚に聞いてみます」と言って、その場は帰られました。

次にこられたとき、「まさかと思っていましたが、サトミさんの言う通りでした。詳細はわかりませんが、先輩はしばらく会社を休んでいたそうです。もちろん、あの二人を恨んでいたのは事実です。でも、生霊を飛ばそうなんて意識は毛頭ありませんでした」と言います。

しかし、それぐらい生きている人間のエネルギーは強いのです。亡くなった人のエネルギーの比ではありません。

その代わり、エネルギーを飛ばしている本人も、激しく消耗してしまいます。恨むほうも、恨まれることをしたほうも、影響を受けるのです。

相談者にとってよかったのは、夢の謎が解けて以来、同じ夢をみなくなったことです。もとの職場の先輩と上司の首についていた生霊も、ともに離れたはずです。

それで気持ちが吹っ切れたのでしょうか、「過ぎてしまったことを、いつまでも根に持っていても仕方ありませんよね。そろそろ再就職に向けて動き出そうと思います」と話してくれました。

真実31

「過去の自分」を肯定できれば、〝いい縁〟が訪れる

不倫しないと生きていけない人もいる

自分が明らかに悪いことをした場合、「相手から恨まれている」と思い、罪悪感からネガティブな思考がクセになってしまう人もいます。

Sさんは、昔、妻子ある男性と不倫していた時期がありました。男性はSさんのほうを選び、奥さんとの2年におよぶ泥沼裁判の末に離婚が成立。ところがその後、Sさんと男性の気持ちは続かず、結局、二人は別れてしまったそうです。

「それから10年経ちましたが、まだ罪悪感を覚えています。一つの家庭を壊し、幼い子どもたちに寂しい思いをさせたのですから、当然の報いかもしれませんが……」と、相談にこられました。

実は、Sさんのようなご相談は少なくありません。

不倫を経験したあと、「結婚したくても縁がない」とおっしゃる人のなかには、家族を引き裂かれたことを恨む奥さんの生霊が、そうさせている場合も実際にあります。

ただ、「自分のせいで相手の家庭を壊してしまった」という負い目がエネルギーのバランスを狂わせ、新しい恋愛にどうしても踏み切れない、悪い循環に陥っているという人のほうが圧倒的に多いといえます。Sさんもその一人でした。

ですが、男性の側にも不倫に走る理由があったようです。家に帰っても自分の居場所がなく、家族の会話に入ろうとすると、嫌がられる。そんなことが何年も続き、たまたま出会ったSさんに安らぎを求めたのです。

Sさんもまた、失恋で激しく落ち込み、自分をやさしく包み込んでくれる男性に甘えたかった。その人がいなければ、生きていくのがつらかったと言います。お互いにそんな状況下で出会い、エネルギーが引き合ったのです。

だからといって不倫を肯定するわけではありませんが、Sさんには、「過去の自分の行いを無理に否定する必要はないですよ」とお伝えしました。

不思議なことに、本人が自分に対する負の感情を持たなくなった途端、まさにつき物が落ちたように、弱っていたエネルギーがイキイキとし始め、運命の出会いを引き寄せることがあります。

また、一緒になれば間違いなく幸せになれる二人でも、最初からその相手と出会えるわけではありません。

私がみさせてもらった相談者のなかには、出会う順番が遅かっただけで、二人ともが離婚を経験して、年を重ねてから本物の縁に巡り合ったカップルもいました。

そのお二人が結びつく過程には、お互いに家族との悲しい別れもあったはずですが、過去の自分を否定せず、明るく人生を生きていれば、みえない世界にも応援してもらえるのかなと思えました。

真実32 悪い因縁は、こうして断ち切る

親との因縁を自分で終わらせる方法

親の死後、親からもらった悪い縁を断ち切ることで、人生を新しくやり直せる人もいます。

Vさんには男の子と女の子、二人のお子さんがいるのですが、娘さんにどうしてもやさしくできないという悩みを持ってこられました。

そのとき「母親」というワードが届いたので、「Vさんとお母さんとの親子関係はどうでしたか?」と聞いてみると、物心ついた頃から毎日のように母親に怒られ、手を上げられて泣くと、また怒られて、地獄のような日々だったと言います。

Vさんは高校卒業と同時に実家を出て、しばらくは所在も知らせなかったそうです。疎遠になったまま、お母さんは亡くなったということでした。

その後、結婚して子どもを持ったものの、男の子は無条件で愛せるのに、女の子はなぜかかわいいと思えない、とVさん。

「娘に何度も手を上げそうになる自分と、幼い頃の母親が重なり、怖くなるんです。その怒りをやっと抑えても、おびえた目で私をみる娘に対し、またイライラしてしまいます」と言いながら、今にも泣き出しそうです。

私は届いてきたままに、「私たちには、ご先祖さまから受け継いだ、いい因縁も悪い因縁もあります。でも、『だったらしょうがない』とあきらめてしまうのではなく、悪い流れをよい流れに変えることもできるんです。今、勇気を持って、亡くなったお母さんとの縁を切ることができれば、娘さんに対する気持ちにも変化が出るはずですよ」と伝えました。

「でも、どうやって？」とVさん。

私は再び届いてきたメッセージをVさんに伝えました。

「亡くなったお母さんを許せないのは当然です。今さら好きになるのも無理でしょう。

ただ、このお母さんがいたからVさんが生まれ、お子さんたちが生まれたのは事実ですよね？　その事実を受け入れてみてください。そうすれば、お母さんとの縁が切れるようです。

つまり、どういうことかというと、お母さんを恨む気持ちが薄れることで、Vさんの心の多くを占めていたお母さんの存在が徐々に消え、Vさん自身のエネルギーが健全な状態に戻るのです。母親の支配や干渉から逃れて、自由になれる感覚に近いんだと思います。

そして、娘さんに手を上げたい気持ちも少しずつなくなるはずです。Vさんのエネルギーが変われば、娘さんも敏感にそれを感じ、お互いを愛せるようになるはずです。反対に、お母さんを拒絶し続ければ、お母さんとの悪い因縁はもっと強くなります。お母さんを遠ざけるのではなく、いったん認めることが大切です」

すると、ずっとしんどそうにしていたVさんが少し笑顔になって、「はい、娘のためにも勇気を出してがんばってみます」と言ってくれました。

その後、再びこられたときのVさんの明るい表情をみて、私もほっとしました。話を聞くと、あれからお母さんの存在が、ほとんど気にならなくなったそうです。

「私の態度が変わり、娘も初めは戸惑っていたようですが、徐々におだやかな顔になってきて、最近は向こうから甘えてくれるようになりました。それに……」とVさん。

「実は夫ともぎくしゃくして会話がなかったのに、普通に話せるようになったんです。これも母との悪い因縁が切れたおかげでしょうか？」

そう聞かれて、みせてもらうと、もともと良縁で結ばれたご夫婦だったのに、お子さんが生まれてからVさんのエネルギーがどんどん落ちていき、旦那さんとどう向き合っていいかわからなくなっていたようです。

そのことをお伝えすると、「今回のことで、夫や子どもの大切さをあらためて実感しました。苦しい時期もありましたが、これからは迷いなく自分の人生を歩いていけそうです」と言って、帰っていかれました。

出会いの障害になっていた父

Vさんと同じように親からもらった悪い因縁を切ることでエネルギーが変わって、いい出会いに恵まれる人もいます。

Wさんは幼い頃に両親が離婚し、Wさんとお姉さんは父親に引き取られ、同居するおばあさんに育てられたということでした。お母さんとはその後、会うことを禁じられ、それきり生き別れになってしまったそうです。そのお母さんが最近亡くなり、「母と話がしたい」とこられました。

お母さんは、自分の手で娘二人を育てられなかったことをずっと謝っていましたが、「ようやく会えた。こんな機会があるなんて信じられない」と喜んでもいました。

「お母さんとWさん、お顔立ちが似ていますね」と言うと、ちょっとうれしそうな表情になって、「はい、葬儀のとき、ご近所の方にもそう言われました」とWさん。

「姉と一緒に母の遺品整理をしていたら、家にあるのとそっくり同じアルバムをみつけて。そこに『母親として何もしてあげられなかった。ごめんね』などの言葉がたくさん残してあったんです。私たち姉妹もつらいことばかりで、家を出ていった母を恨んだこともありましたが、今、こうやって話せて母の思いも理解できました」と話してくれました。

すると、Wさんの話を聞いていたお母さんが「お父さんのことは、もう許してあげて」と言います。

Wさんに話を聞くと、父親は暴力をふるうわけではありませんでしたが、ひどい言葉をあびせ、幼い頃から大人になるまでずっと苦痛を与え続けてきたそうです。

お母さんからのメッセージを伝えると、「嫌です。あの人を許すなんて、それだけは絶対にできません」と、きっぱり拒否されました。

しかし、私には「あの人」を「父」と呼べば、お父さんとの因縁が切れてWさんのエネルギーが変わり、パートナーがあらわれると届きました。

実は以前、Wさんはいい出会いがあるかどうかのご相談でこられたことがあるのですが、そのときはパートナーの存在はみえませんでした。

人にはパートナーとの縁がある人と、そうでない人がいます。ところが今回、「お父さんの呼び方を変えることによって、パートナー運に変化が起こる」と届いたのです。

そのことをお伝えし、「ほんまにいいパートナーに出会いたいと思うなら、〝あの人〟じゃなく、一度でいいから〝お父さん〟と言ってみてください。お母さんがその機会をくれていますよ」とお話ししました。

もちろんWさんにとっては、つらい経験でしかないかもしれません。私にそう言われたからといって、許せるものでもないでしょう。

「でも、あの人が私の父です、と1回言うだけで、過去が浄化できるケースもあります」と伝えると、Wさんも「わかりました、やってみます。私もパートナーはほしいですから」と言って、ニコッと笑っていました。

お母さんは、娘さんのこれからが心配でここにきてくれたようです。私に「ありがとうございました」と頭を下げ、あの世へ戻っていかれました。

相手に違和感を覚えるときは要注意

Wさんのケースとは逆で、結婚に反対するために、亡くなった人がきてくれることもあります。

ある方は、「娘が『この人と結婚したい』と連れてきた男性に、何となく不安を感じる」というご相談でこられました。見た目は礼儀正しく、温和で、話し方も誠実そうにみえるものの、何か胸騒ぎがするというのです。

「この結婚を正式に進めても大丈夫でしょうか？」と聞かれました。

そのとき、相談者の亡くなったお母さん、娘さんにとっては祖母に当たる方がそばにこられて、「断固反対」と言います。

「相手は外面のいい人のようだけれど、本当の内面をみせていない。それだけでなく何かを隠している。このまま結婚してもうまくはいかない。孫が不幸になるのをみたくない」と私に訴えてきます。

「おばあちゃんがそう言ってはりますが、何か心当たりはありませんか？」と聞くと、「実は、結婚の話が出たあとで、『自分には離婚歴がある』と打ち明けたそうです。離婚歴自体は悪くありませんが、肝心なことを言わずにいた相手への不信感が娘に生まれたようで、『好きな気持ちは変わらないけれど、正直迷いがある』と言います。だから、みえる人に聞いてほしいと。でも、おばあちゃんが反対しているなんて……ほかにも何か隠していることがあるんでしょうか。本当はお子さんがいるとか、借金があるとか？」

何を隠しているかまではわかりませんが、その男性がほかにも後ろめたいものを持っていることは私にも届きました。

結婚となれば、嫌でも相手の内面をみることになりますが、外面にも偽りがあると気づけば、おのずと関係は悪くなるでしょう。

「お相手のことをもう少し知った上で、慎重に答えを出したほうがよさそうですね」とお伝えすると、相談者も「親としては止めたいけれど、娘の気持ちも考えて、ゆっくり話し合ってみます」と言って、帰られました。

この相談者に限らず、私のところに相談にくる時点で、結婚を迷う気持ちがあるのはたしかでしょう。「相手の言動に何かしら怪しさや疑問を感じるけれど、自分で答えを出すのが怖い」という方はたくさんいらっしゃいます。

ただ、真剣に結婚を考えるぐらい相手が好きなのですから、その気持ちに無理やりふたをすることは難しいかもしれません。

相談者のなかには、「何年か後に離婚がみえます」とお伝えして、それでも結婚される方もいます。それであとから、「やっぱりダメでした」と報告にこられることもあります。

また、相手がどんなにいい人でも、結婚後にお互いのエネルギーが合わなくなり、別れに至ることもあります。でも、そこには必ず学びがあります。

「結婚を取りやめることで、のちのち後悔したくない」と思うのであれば、結婚すればいいと私は思います。そして、どうしてもうまくいかなかったら、起こったことを素直に受け入れて、それからの人生に生かせばいいのです。

真実33

夫婦のエネルギーが子どもに影響を与える

子どもは親をうつす鏡

子どもは、お腹にいるときから外の様子をじっとみています。お父さんとお母さんの仲はいいいか、自分の誕生を心待ちにしてくれているのかなど、すべて知って生まれてきます。そして、お腹のなかの記憶が、子どもの成長にも影響を与えます。

たとえば、子どもが生まれる前の夫婦仲がよくないと、「自分が夫婦の仲を取り持たなければ」という意識を持って生まれてくる子もいます。

また、自分が生まれてくることを両親に望まれていない場合、その子が大人になってから「自分の子どもをどうしても好きになれない」と言う場合もあります。

特にこれから親になる人は、自分たちにはみえないところで、お腹の子がいろんな影響を受けていることを覚えていてほしいと思います。

お腹にいるときの記憶が残っていると考えると、子どもが生まれるまでの期間、両親がどう過ごすのかも大切になってきます。

妊婦さんの相談者がこられたとき、「赤ちゃんから英語が聞こえていますよ？」とお伝えすると、「そうなんですか⁉　車のなかで、いつも英語の教材を聴いているんです」と驚かれる人もいます。

また、別の妊婦さんに「お腹の赤ちゃんはお父さんが大好きですね。お父さんの声が聞こえてきます」とお伝えすると、「家にいると、夫はとにかく、よくお腹に話しかけていますから」とのお返事があり、両親の影響がいかに大きいかが伝わってきます。

「自分の子どもを好きになれない」「どうしたら好きになれますか？」という相談は、私のところにもたくさん寄せられます。

そんなとき、私は「どんな理由があるにせよ、あなたのお腹のなかに宿って産んだわが子ですよ。自分が産んだことに、自信を持ってください」と必ずお伝えしています。

そう言われると、みなさんハッとされ、ちょっと顔つきが変わります。きっと、その子を産んだときの記憶を思い出すのだと思います。

子どもの感覚は鋭敏で、親の意識が少しでも変われば、子どもにもストレートに届きます。「子どもは親をうつす鏡」なのです。

第七章

〝みえない力〟に守られて、生きる

真実34

〝みえない力〟に守ってもらえる生き方がある

毎日感謝をすると、みえない世界に届く

この世には〝みえない力〟が存在します。この〝みえない力〟とは、私たちのご先祖さまが持っているエネルギー、亡くなった大切な人たちのエネルギー、自分自身を守るエネルギー、すべてのエネルギーを包む大いなる存在などを含みます。

「神さま」がいるとしたら、今お話しした「すべてのエネルギーを包む大いなる存在」がそれに当たるのでしょう。

私たちのなかには、守護霊がついて守ってくれている人もいれば、亡くなった親や先祖のたましいが守ってくれている人もいます。

でも、たとえそういう存在がついていなくても、ちゃんとした生き方をしている人

は、その人自身のエネルギーバランスが整い、さらにみえない力が働いて、ここぞというとき運を味方につけることができます。

私たちは、与えられた日々と向き合って、精一杯今を生きることで、みえない力に守られながら、人生を送ることができているのです。

ある相談者は、毎日を悔いなく過ごすことに加えて、仏壇に毎朝欠かさずお線香をあげているそうです。そして亡くなったご両親だけでなく、会ったことのない父方のご先祖さま、母方のご先祖さままでさかのぼり、みなさんに向かって、「おはようございます。いつもありがとうございます」とあいさつしてから一日を始めるとおっしゃっていました。

それがみえない力とどう関係するかというと、毎日ご先祖さまに感謝することで、ご先祖さまを通してみえない世界にまで、その人からの感謝が伝わるのです。

すると、みえない力が働き、身に降りかかる災いを避けられたり、最善の選択ができるようになったりするのです。「ご先祖さま、ありがとうございます」と言ったら、みえない世界も喜んでくれるのです。

そういう人には、たとえば「買い物の途中、よそ見をしていて車にぶつかりそうになったけど、車のほうがよけてくれて助かった！」ということも起こります。

そのとき守ってくれたのは、亡くなったご先祖さまとは限りません。ご先祖さま以外にも、その人を見守り、助けてくれる力が存在するということです。


「いつもご先祖さまに感謝している」と言うこの相談者は、マンションの2階から1階へ下りる階段の途中、残り8段ほどのところでつまずき、下まで落ちたにもかかわらず、なぜか両足でストンと1階に着地したことがあったとのこと。

捨てようと手に持っていた、ヒモで括《くく》った新聞はそこら中に散らばった状態でありながら、その相談者自身は、かすり傷一つ負わなかったとか。

ご先祖さまにいつも感謝していると、その思いがみえない世界に届き、さらに感謝したくなることが起こるのです。

私がおすすめしたいのは、どこに行っても、行く先々の入り口で「よろしくお願いします」と一礼することです。

たとえば私は、出張で飛行機に乗るときや、待ち合わせのお店に入るとき、ホテルに泊まるときなど、神社の鳥居をくぐる前のように感謝の気持ちを込めます。

そして、その場所を去るときにも、ひと言、「ありがとうございます（次もまたお世話になります）」とお伝えしています。

みえない力とは、特定の「何か」をさすものではないと言いましたが、今これから自分が行く空間、場所、土地もそれぞれエネルギーを持っています。

そのエネルギーが味方になってくれるとどうなるかというと、人気のお店で予約もしていないのにちょうど席が空いたり、お店の人がとても親切にしてくれたりと、みえない力があれこれサポートしてくれ、居心地のよい空間になるのです。

自分を大切にすると、自分を守るすべてに届く

私もやり方は違いますが、毎日、朝晩、お祈りを欠かさず行っています。その結果、先ほどの相談者と同様にみえない力に守られ、自分のエネルギーも調整されていると感じます。

私の場合は、朝起きたらすぐに「今までの私をありがとうございます。今からの私をよろしくお願いします」と目を閉じて心のなかで唱えます。夜、寝るときは「今日も一日ありがとうございました。明日もよろしくお願いします」と、同じく目を閉じて心のなかで唱えてから眠りにつきます。

これを〝自分のたましい〟に向かって言うのです。自分のたましいに祈ることによって、自分を守ってくれるすべてに届くイメージを持っています。

それと同時に、私のたましいの器である「からだ」に対しても毎日感謝し、大切にしています。このからだがなければ、私は動くことも、話すこともできず、この世とあの世をつなぐ役割を果たすこともできないからです。

だからといって、からだをいたわるために、エスカレーターやタクシーを使ったりしてラクをしたりはしません。むしろ逆で、からだをいいコンディションで長持ちさせるために、基本的によく歩き、階段を使うようにしています。

それから、少しでもからだに不調があれば、病院に行って診てもらいますし、人間ドックに毎年必ず行くなど、健康チェックも欠かしません。

日頃そうやって生活していると、急に歯が痛くなったときでさえ、「たまたまセッションのない日で助かった！」というように、みえない力が都合を合わせてくれるのです。

多くの人が、自分のことは後回しにしてしまいがちですが、自分の「からだ」があるからこその人生です。年齢に関係なく、そのことに早く気づいて、健康管理をおろそかにしないことが大切です。

そして、自分がこの世に生まれたことを自分が喜び、どうやったら自分が幸せでいられるか、楽しく生きられるか、いつも気遣ってもらいたいのです。

私もスピリチュアル テラーという仕事一色の人生ではありません。私には応援しているミュージシャンがいて、ライヴがあれば会場が遠くても気分転換に出かけますし、野球観戦では大声で応援もします。思いっきり、誰よりも楽しみます（笑）。

また、旅行やおいしいものが好きで、たまにちょっといいホテルとお店を予約し、ゆったり休息しています。

自分の人生を楽しみ、スピリチュアル テラーとしてご相談者のたましいに関わり、全力で生きようとする私を、みえない力も、いつも応援してくれています。

みなさんも自分をいたわり、自分を楽しませることを、どうか忘れないでほしいと思います。

真実35

〝みえない力〟に守られる人はルールをきちんと守っている

当たり前のルールを守る

みえない力に守ってもらいたいと思ったら、みえない力に守ってもらえる側になる生き方を積み重ねることが大切です。

わかりやすく言うと「好きになってもらう」ことです。

たとえば、日頃から交通規則や人との約束・時間を守るといった、一見、当たり前のルールを守ること。そして可能であるなら、人への親切を心がけ、行動に移すことなどです。

私は車の運転をしますが、ウィンカーを出さずに隣の車線に入ってくる車や、黄色信号で交差点に進入する車をよくみかけます。また、歩行者側も信号や横断歩道のない道路を乱横断したり、赤信号で横断歩道をわたったりして、交通ルールを守らない人がたくさんいます。

そう聞くと、「車がほとんど通らない道路ならまわりに迷惑もかけないし、赤信号でわたったって別にいいじゃない」と思うかもしれません。たしかに、車がめったにこないことを知っていて、信号を守る人が少ない横断歩道もあります。

でも、「誰にも迷惑をかけないから別にいいや」という意識は、そこだけにとどまりません。結局、あっちでもこっちでも、悪いという意識もなく平気でルール違反をしてしまうのです。

たとえ5メートルほどの横断歩道でも、車が1台も通らなくても、赤信号なら待つのがルールです。よほど急いでいて、「わかっているけど、今回だけごめんなさい！」と思ってわたるならまだいいのですが、当たり前のようにわたる人は、みえない世界からは「そういう生き方なんだ」とみえています。どちらか一方を選ぶとしたら、みえない力は「ごめんなさいの意識がある人」に働くでしょう。

たまに、赤信号で人がどんどんわたっているのに、一人だけ強面《こわもて》の男性が青信号に変わるまで待っている姿をみると、「見た目はいかついけど、ルールを守る人なんだな」と、うれしくなります。

みえない世界は、一人ひとりの生き方を実によくみています。

いざというとき守ってもらえるかどうかの境目は、当たり前のルールをきちんと守っているかどうか。つまり、正しいことをしているか、ということです。

平気で当たり前のルールを破っている人は、みえない世界から「知らないよ」とみてみぬふりをされて、運気が逃げてしまいます。

言い方を換えれば、守ってもらう以前に、自分がどう生きているかが先、ということです。

みえない世界からみられている意識を常に持つと、自分の都合ではなく、何が正しいのかを考え、自分を律して行動できるようになるのではないかと思います。

私も小さい頃から「神様はいつもみてくれてはるで」と言われて育ち、今もそう信じています。

「気遣いができない人」からは運が逃げる

当たり前のルール以外にも、気遣いと呼べるマナーを守れない人からもまた、運気が逃げていきます。

たとえば、スーツケースを持っているとき、エスカレーターで上がる際は自分の前に置き、下がる際は自分の後ろに置くのがマナーです。

そうすると、スーツケースが何かの拍子で落ちそうになっても、自分が盾になることで思わぬ事故を防げます。しかし、これを守れない人がけっこういます。

なかには、下りで自分の前にスーツケースを置いて、手を離している人もいて、思わず「危ない！」と言いそうになることもあります。自分の不注意でスーツケースが落ちたとしたら、ほかの人にどんな危険がおよぶのか、そこまで意識を持たない人が想像以上に多いのです。福岡空港の長いのぼりのエスカレーターでスーツケースを落とされた経験もあります。

ほかにも、電車に乗る際、降りる人を待たずに自分が先に乗ろうとする人や、エレベーターで〝開く〟ボタンを押して、自分が降りるのを待ってくれた人に「ありがとう」を言わない人、映画の上映中に観ている人の前を何も言わず平気で横切る人、傘の持ち方が危ない人など、言い出したらきりがありません。

「そんな些細なこと」と思うかもしれませんが、人生は〝些細なこと〟の積み重ねです。

みえない世界は、私たちの生き方を、ちゃんとみてくれているのです。

みなさんのなかで、「最近ついていないな」と思う人がいたとしたら、それはその人自身の何気ない行動が幸運を遠ざけているのかもしれません。

では、どうすれば気遣いができるようになり、運を引き寄せることができるのでしょうか。

相談者からも、よくそうした質問を受けます。そのとき、私はいつも「あらゆることすべてに感謝することです」とお伝えしています。

この本でも、ご先祖さまへの感謝によってみえない力に守られるとお伝えしていますが、自分がどんな状況に置かれても感謝をしていると、まわりにいる人たちを気遣う心が自然と生まれますし、運気も上がってくるのです。

「でも、何から感謝していいかわからない」と言う人は、まずは「自分が今日も生きていること」に感謝することから始めてみてはいかがでしょうか。

たとえば今日、朝を迎え、目が覚めたことは、ある意味、キセキです。

健康な人であれば、そんなことは当たり前かもしれません。でも、人生は自分が思うよりも短くて、予想できないものなのです。

寝ている間に突然亡くなってしまったり、災害が起こって命を失ってしまう場合もあります。そう考えたら、朝いつものように起きられた自分に対して感謝することは、とても大事だと私は思います。

生きている自分に感謝できると、「家族におはようと言えること」「朝のコーヒーがおいしいと感じること」にも感謝できるようになります。

最初は違和感があるかもしれませんが、毎日毎日生きている自分に感謝するうちに、だったら、あれもこれもと、これまで当たり前だと思っていたことにも幸せやありがたさを感じ、感謝したくなることが増えていきます。

実はもうそれだけで、運気は上がっているのです。自分に感謝できる人は、今日を気持ちよく過ごすため、身のまわりの小さな出来事もおろそかにせず、大切にすべてと向き合うようになるからです。

やがて「人への気遣い」を意識せずとも、自分と同じように他人も大切にできるようになっているはずです。

「いい人」になる必要はない

世間でよく言う「いい人」がみえない世界から応援されるかというと、それは少し違います。

いい人の特徴として、よく言われるのは「誰からも好かれる」「誰にでも親切でやさしい」「その人がいると場が和《なご》む」などだと思います。

しかし、裏を返すと、「八方美人《はっぽうびじん》」「嫌なことを〝嫌〟とはっきり言えない人」「大勢の場で自分の意見を言わない人」ともいえます。
「あの人はいい人だから」と頼まれることの多い人は、相手にとっての「都合のいい人」になっている場合もあります。みえない世界が都合のいい人を応援するかというと、そうとはいえません。

それどころか、はた目にはどんなに人に尽くしていたとしても、自分をごまかして生きている人は、残念ながら天国へ行けないことすらあります。

「そんな大げさな」と思うかもしれませんが、この世で自分の心に嘘をつきながら生きてきた人は、いただいた命の時間を有意義に使うことができなかった、ということになるのです。

誰しも「人からよく思われたい」「正直に言うことで、否定されるのが怖い」という気持ちはあります。

しかし、空気を読んだり、相手の顔色をうかがったりしながら適当に話を合わせ、「今さえよければいい」と自分の本心を隠し続けたら、長年のそうした生き方がクセになり、いつの間にか自分の本当の気持ちがわからなくなってしまいます。

自分の真心を見失った状態で、この世を生き切ることはできません。

私自身は、いわゆる「いい人」ではありません。

もちろん、いい人間でありたいと思って努《つと》めています。世の中のルールはできる限り守りますし、気遣いもします。でも、万人に好かれるタイプではありません。それは、誰に対しても、必要以上に〝いい顔〟をしないせいかもしれません。

それより自分に対して、ただただ正直でありたいのです。それによって他人にどう思われてもかまわない。誰かとぶつかって嫌われたり、いじわるをされたりしても、受け入れようと思って生きてきました。

子どもの頃からそうでした。同じクラスの子だけでなく、先生にも、間違っていると自分が思うことは「あかん」「それ、おかしいやん」とはっきり言うので、先生によく思われていなかったはずです。

親や親戚からも「あんたみたいに何でも正直に言う子は、ほかにいないと思って生きなさい」と言われるほど、正義感が強すぎるところもあります。それで、学校では、私のことを大好きと言ってくれる子と、うっとうしい、嫌いと言う子で真っ二つに分かれていました。

大人になってもそれは変わらず、たとえば自分がお客さんとしてお店に入っても、応対が極端に分かれます。あるお店ではすごく親切にされますが、別のお店では「早く帰ってほしい」という態度をあからさまに取られることがあります。

だからといって、自分から壁をつくることはありません。エネルギー上、どうしても合わない人はわかるので、自分から関わろうとはしませんが、すべての人、ものはもちろん、食べ物や建物に対しても、感謝の気持ちを持って接しています。

なかでも大事にしているのは、人の意見に左右されず、自分の気持ちに嘘をつかないことです。それで、味方がいなくなってもいい。一人になってもいい。そんな生き方をみえない世界にみていてほしいと思っています。

もちろん、自分に正直に生きるのが難しい場面もあるでしょう。でも、「都合のいい人」はあの世では罪深いことだと理解して、できるだけ〝本心〟を大切にすることを心がけてもらいたいと思います。

真実36

〝みえない力〟には、よいものと悪いものがある

邪悪なエネルギーに好かれてはいけない

あの世に天国と地獄があるように、みえない力にも、いいエネルギーと悪いエネルギーがあります。みえない力に守られない人のなかには、邪悪なエネルギーとつながってしまう人もいます。

邪悪なエネルギーに好かれてしまうと、不幸な目に遭いやすくなります。また、自殺の名所と呼ばれるところや、事故が起きやすい場所に連れていかれそうになる場合もあります。邪悪な霊や動物霊とつながってしまい、悪い連鎖が起きる人もいます。

「邪悪な念」というと、いかにも善が欠如し、心がねじ曲がっているようですが、実は誰のなかにも邪悪な念はあります。すべてのものごとには表と裏、陰と陽、善と悪

などの両極が存在するというしくみがあるからです。

その割合として悪のほうが大きくなり、善が小さくなると、邪悪なエネルギーに目をつけられ、そちらに引っ張られてしまうのです。

自分の子どもをかわいがることができない、手を上げてしまうという人も、邪悪なエネルギーに好かれてしまった結果、そうなっていることがあります。

しかし、善と悪の形勢を逆転させることはできます。自分で「こうしよう」と決め、邪悪なものに心を奪われそうになっても、ぶれずに自分の意志を通すクセが身につけば、善の割合が大きくなっていきます。

自分なりの目標を持って、これは大事だと思うことを継続していると、いいエネルギーとつながりやすくなり、運がよくなっていきます。その積み重ねによって、プラスの運やツキが雪だるま式に大きくなる人もいます。

プラスの運をより大きな雪だるまにしたいと思ったら、やはりあらゆることに感謝することです。

「これもありがたい」「あれもありがたい」と目の前のことに感謝を続けていると、自分ほど幸せな人間はいないと思えるようになります。

すると、これまでは順風満帆で幸せそうな人がうらやましくみえていたのに、自分を人と比べることがなくなり、謙虚さが芽生えます。

そして、無欲だからこその、よい連鎖が起きるようです。

はたからみて、「この人は超ラッキーだな」と思う人がいれば、無欲でいい生き方をつらぬいているのだと思います。

真実37

自分の欠点を自然現象が教えてくれる

冷蔵庫の音が気になって仕方ない

しかし、人は常に前向きだったり、自分が望む通りに生きられるとは限りません。後ろ向きな気持ちが勝ってしまい、「あれもこれも思い通りにならない」とイライラする気持ちを抑えられないこともあるでしょう。

ある相談者は、長年使っていた冷蔵庫を買い替えたところ、新品の冷蔵庫の音のうるささに驚いたと言います。この騒音には耐えられないと思い、一番静かだという大型冷蔵庫に交換してもらったものの、それでもやはり音が気になってしまったそうです。

特に気になっていたのが、冷蔵庫の「ブーン」という音です。その音が気になって、仕事がはかどりません。「一番静かな冷蔵庫から、こんな音がするはずはない。きっとハズレを引いてしまったんだ」と思い、修理をお願いしたそうです。

するとメーカーは、修理の人を送るよりも、新品と交換することを選んだようで、3台目の冷蔵庫が届きました。ところが、この冷蔵庫の音も気になって……というタイミングで、私のところにこられました。

しかし、冷蔵庫の音をうるさく感じるのは、その人にとって一つの現象にすぎません。必要以上に神経質な自分を変えないと、冷蔵庫をあと何回取り換えたところで、音の問題はいつまで経ってもなくならないでしょう。

「このままいくと、本当にからだに悪いですよ」と率直にお伝えしました。

「自分のたましいからの挑戦状」と言うと大げさに聞こえるかもしれませんが、人には成長に応じて必要な出来事が起こります。この相談者の場合は、「冷蔵庫の音が気になって仕方ない」という現象が目の前にあらわれることによって、ものごとをもっとおおらかに受け止めなければ、次のステージに成長できない、という示唆《しさ》を与えられたのです。
「細かなことを気にして、すべてを解決しようなんて無理だと思ってください。冷蔵庫は、自分の欠点と向き合うべきタイミングがきたことを教えてくれているんだと思います。今回のことに関しては、冷蔵庫と仲よくするのが一番の近道ですよ」と伝えると、うーんと考え込んでしまいました。

でも、次にこられたとき、とても明るい顔をされていたので、「その後、冷蔵庫はどうなりましたか？」とお聞きすると、「実は前回サトミさんから言われたこと、自分でも薄々感じていたんです。こんなに冷蔵庫の音が気になるのは、自分だけだろうなあと。冷蔵庫は一つのきっかけで、自分と向き合わなくてはならない機会だったんだなと思いました。ですから、必要以上に気にしないようにしようと、意識的に心がけました。新しい冷蔵庫の色はブラウンなのですが、〈ブラちゃん〉と名前をつけて、音が静かなときに、『ブラちゃん、よしよし』となでたりしていました。すると心なしか、音が以前ほど気にならなくなったんです」とのこと。

人に気づきを与えてくれるのは、人間だけではありません。意思がないようにみえるものだって、ちゃんと持ち主に何かしらのいい影響を与えようとしているのです。

「負の連鎖」が止まらないときの対処法

それでも悪いことが続いたとしたら、場所を変えるのが一つの対処法です。

同じ失敗を繰り返すなど、悪い連鎖から抜けられないのは、自分のまわりに悪い空気が充満しているからかもしれません。そんなときは温泉に行ったり、小旅行をしたりして、リフレッシュするといいでしょう。

わざわざ遠出をしなくても、帰り道にいつもと違う道を通る、寄り道をしてみるというのもまた、気分が変わって悪い流れを止めるきっかけになります。

気分が変われば、落ちていたエネルギーが上がってきて、悪い運が離れていきますし、自分を味方してくれる運もついてきます。

「なぜ悪いことばかりが続くんだろう？」と理由を考えすぎてもよくありません。

「なんで?」「どうして?」と疑心暗鬼になることは逆効果で、エネルギーがどんどん疲弊してしまいます。

今の悪い状態に浸らないで、とにかく流れを変える行動を起こすことをおすすめします。

しかし、なかには「トラブルが続いてよかった」と言う人もいます。

ある相談者は、入社して15年目に突然、仕事のトラブルが続きました。アクシデントが起こるたびに、「え?」「なんで私だけ?」と悩んだものの、逆に、今までがスムーズにいきすぎていたという気づきがあったそうです。

「問題が何もないときはそのことに気づかず、うまくいって当たり前だと思っていました」と相談者。トラブル続きになって初めて、自分がいかに幸せな年月を送ってきたかがわかったのです。

「ラッキーなときは、何も考えずにうまくいっていたから、学びもありませんでした。トラブルが続くと大変な思いもするけれど、その経験から得た教訓を生かして、次はうまくいくように工夫するなど、学ぶことが多かったです」と、晴れ晴れとした顔でおっしゃっていました。

この相談者の言う通り、人生いいことばかりだと感謝も少なくなりがちです。トラブルは気をもむことも多いのですが、努力して充実した人生に変えることができれば、「つらい出来事にも意味があったんだ」と肯定でき、より幸せ感が増すのかもしれません。

真実38

前向きなエネルギーは、よい変化を起こす

初詣は毎年行ったほうがいい

自分自身を守るエネルギーを高めたいと思ったら、ぜひおすすめしたいのが初詣です。

初詣は一年の始まりを自分に知らせ、今年を迎え入れる大事な儀式です。「この儀式を行うと、身が清められ、みえない世界が自分の望む生き方を応援してくれる」と、ずいぶん前に届いていましたし、私自身も毎年欠かさず年始のごあいさつに行っています。

「一年の計《けい》は元旦《がんたん》にあり」ということわざもありますが、望む生き方が送れるかどうか、その結果は初詣というスタートで決まるという意味だと、私は捉えています。

お参りするのは、必ずしも元旦でなくてもかまいません。正月三が日は人出が多く、雑念も入り乱れていて、かえって身を清めることが難しいかもしれません。

私は三が日を外して、15日までの平日の午前中に行きますが、1月中であればいいと思います。

カレンダーにこだわるよりも、みえない世界に対して「明けましておめでとうございます。今年もよろしくお願いします」とあいさつをするほうが大事です。

初詣に行くと、不思議と気も整いやすくなります。

近くに氏神さまがいない場合でも、自分が縁を感じる神社やお寺があれば、その場所が、その人にとってのパワースポットになります。

「少し遠いけれど、○○神社でお札《ふだ》をもらってくるのが毎年恒例の行事」と言う人もいて、それはとても意味のある儀式だと思います。

初詣をしないからといって、悪い一年になるわけではありません。コロナ禍で初詣に行かなくなって、それきりという人もいるかと思います。けれども、やらないよりは、やったほうがいいのです。

一年の始まりに儀式を行うことによって、自分に意識を向けるという意味では、大事な取り組みの一つだと思います。

自分への意識とは、今年も生きていることに感謝し、新しい一年を一生懸命生きようと決心することです。

私は、「去年一年、無事に過ごすことができ、今年もこちらへ、こさせてもらってありがとうございます。今年一年、私がどういう生き方をするか、みていてくださいね」という思いを込めてあいさつします。

結局、そういう自分の気持ちに、あらためて向き合うことが大事なのです。

その覚悟がエネルギーとなって、みえない世界に届いたら、味方になってくれたり、困ったときに助けてくれたりするのではないかと思うのです。

真実39

「ていねいに暮らす」それだけで人生はよくなる！

玄関がきれいだと〝いい気〟が入りやすい

運気のいい人の共通点は、感謝のほかに、玄関がきれいなことがあげられます。玄関は毎日目に入るものであり、「家の顔」と言われるだけあって、いつも整えていると、不思議といい気が入りやすいのです。

反対に、汚い玄関はよくないエネルギーを呼び込み、身のまわりにトラブルが起こりやすくなります。

ある相談者は美容院を経営されていますが、最近、客足が遠のき、売上が減少しているというお悩みでこられました。それに加えて、足が痛くて立ち仕事がつらいと言います。

みせてもらうと、家の入り口にものがあふれているイメージが届きました。そこにベチャッとした、アメーバのような霊がはりついています。

「玄関がひどくゴチャゴチャしていませんか？　それに、何か形のはっきりしないものがくっついています。そのせいで、いろんなことが滞っているみたいですよ」と言うと、美容院兼住宅の、家側の玄関にお店で使うシャンプーやトリートメント剤、カラー剤などの入った段ボール箱などが山積みで置きっぱなしになっているとのことでした。

それならば、停滞している気を動かすためにも、きれいに片づけるしかありません。

「とにかく今あるものを玄関から動かして、雑巾《ぞうきん》でしっかり拭いてください。そうすれば、玄関からいい運気が入ってきます。それから、家のなかに悪い気をためないために、風通しをよくすることも大切です。1日1回はすべての部屋の窓を開けて、空気を入れ替えてくださいね」

「わかりました。すぐにやります！」と言って帰られた相談者。段ボール箱を片づけ、掃除をすると、足の痛みが軽減し、その後、客足が少しずつ戻ってきたそうです。

きれいな玄関というと、靴が1足も出ていないような状態を想像するかもしれませんが、きちんとそろえてあれば、靴が何足か並んでいてもかまいません。

多少ものが置いてあっても、雑然としていなければ大丈夫です。こまめに掃除する習慣をつけておくと、ちょっとしたトラブルがあっても、大ごとにはならないのです。

目の前のものごと一つ一つに心を込める

みえない力に守ってもらえる生き方について、もう一つお伝えしたいのは、「ていねいに生きる」ことです。

ていねいに生きるとは、「目の前のものごと一つ一つに心を込める」と言い換えてもいいと思います。

たとえば、新幹線に乗って、前の座席の人が背もたれを倒すとき、「よろしいですか？」と声をかけてくれ、降りるときにその背もたれをもとの位置に戻す人をみると、「この人はていねいに生きてはるな」と思います。

また、セッションが終わって引いた椅子を戻す相談者、テーブルの上の水滴を拭く相談者からも、ていねいな生き方を感じます。

次に使う人のため、その場を使わせてもらったお礼を兼ねて、私も必ずやっています。

ちょっとしたことですが、たったそれだけの意識と行動で、人生はいいほうに導いてもらえます。

もしも自分の人生があと少ししかなかったら、誰もが残りの一日一日を悔いなく生きようと思うでしょう。

1杯のお茶をおいしく、ていねいに淹れよう、心のこもった食事をしよう、手を抜かずに仕事をしよう、と思うのではないでしょうか。

もちろん、目の前にある何もかもに心を込めるのは難しいでしょう。

ですが、「これだけはていねいにやろう」と思うものを一つか二つ決め、やり続けていると、その心がけがみえない世界に届き、いいエネルギーになって自分に返ってきます。その時間を、少しずつ増やしていけばいいのです。

それと、ものを雑に扱わないことも大切です。すべてのものにたましいがあります。その心で接すると、自然とていねいに生きられるようになるのです。

真実40

人生は〃解釈と感謝〃で決まる

人生には必要なことのみが起きる

「人生には、いいときと悪いときの〃波〃がある。だからいいことが続けば、次は悪いことが起こる」と不安に思う人もいるようですが、私にその発想はありません。

「今年の運は使い果たしたと思うんです」と相談者に言われたら、「そう思った時点で、運は尽きますよ」と返します。

厄年《やくどし》だから何か悪いことが起こると思うのも、単なる思い込みです。厄年が当てはまった人は、それを気にしていた人です。思い込みに負けてはいけません。

生涯、悩みのない人生を送れる人なんて、もちろんいないでしょう。ですが、少なくともみえない世界を味方につける生き方をしていれば、運のない時期が短くなったり、大事故になっていたところがかすり傷で済んだり、ということはあります。

そのとき、起きたことに対して、一度きちんと意識を向けてみることです。骨折してもおかしくない転び方だったのに、こぶができただけで済んだとしたら、「助けてくれて、ありがとう」と感謝する生き方を心がけてください。

自分に降りかかった出来事は、受け取り方や解釈によって、大きく変わります。「台風で出かけられない、ついてないな」と思うか、「家にいるときにやろうと思っていたことができる、よかった」と思うか。

人生で仮にいいことと悪いことが半分ずつだったとしても、感謝してプラスに持っていくのが上手な人ほど、悪いと感じることは減っていきます。

そもそも、幸も不幸も予測することはできないのですから、「次は悪いことが起きるかもしれない」なんて考えすぎないことです。先回りして怖がる必要はありません。

こう言うと、「心配するほうが、慎重に行動できていい」と思う方がいるかもしれません。

ただ、まだ起こっていないことを心配して過ごすのは、人生の貴重な時間を無駄にしているともいえます。

人によっては、よくないことをイメージしていると、実際にそれらを引き寄せてしまう場合もあります。

それに、「最悪のパターンになるかもしれない」と心配しても、その通りになることは実際は少ないものです。仮に嫌なことが起きたとしても、それは自分にとって必要な経験であり、学びですから、おそれることはありません。

人は知らないうちに、まわりに迷惑をかけながら、そして助けてもらいながら、一生を終えます。

あなたは、自分がやってしまったことに対して素直に「ごめんなさい」、やってもらったことに「ありがとう」をちゃんと伝えてきたでしょうか。

まだ十分にできていないと思えば、これからでも遅くはありません。言葉にするのが照れくさければ、心のなかで言うだけでもいいのです。

ただし言うときには、必ず心を込めてください。それが、あらゆることへの感謝につながり、いいエネルギーとなってみえない世界に届きます。

そして、みえない世界は、そういう人の味方になってくれるのです。

私たちは、この世で学ぶべきことやテーマがあって、たましいが学び足りないことを教えてくれる親やパートナー、きょうだいや友人、環境を選んで、この世に生まれてきました。

この先も、私たちは〝人生という旅〟を続けることになりますが、この旅の終わりに、すべてに「ありがとう」を言える自分でいられるよう、ともに楽しみながら生きていきましょう。

おわりに

最後まで読んでくださり、ありがとうございました。


今、何かに悩んでいる人に、あの世から届く言葉を聞いてもらいたい。

この世にいる人、一生懸命生きる人全員に幸せになってもらいたい。

私の存在は、前を向いて生きようとする人のためにある。

そんな勝手な子どもの頃からの夢が私を奮い立たせ、この本を書かせていただきました。


みなさんのなかには、大切な人を失い、自分はこれからどう生きていけばいいのかわからない、と思っている方もいるでしょう。

ですが、究極的には「自分はこういう人間でありたい」と思う人になることが、その人の一番の使命です。

「誰かにこう思われたい」というのではなく、「これが自分です」と言える生き方をする。

その上で、〝自由で純真な心〟を持って生きてほしいというのが、私がもっともお伝えしたいことです。

最後になりますが、あなたの人生は、あなたしか生き切ることができません。そして、全力で応援してくれる人は必ずいます。あなたにとって大切な人たちです。

たとえ目にはみえなくても、あなたがあの世にいる人のことを思えば、いつでもそばにきてくれ、味方になってくれます。

私たちは、みんなつながっているのです。

〈著者プロフィール〉
サトミ
京都生まれ、京都在住。母子ともに命が助からないかもしれないと言われるほどの大難産の末、この世に生を享ける。子どもの頃から普通の人にはみえないものがみえていた。メーカーで約6年間、縫製職人として働いたのち、スピリチュアル テラーとしての活動を始める。特性は「自分に正直に生きること」。好きなことは、仕事、旅、ライヴに行くこと。10万部突破のベストセラーとなった『亡くなった人と話しませんか』(小社)に続き、本書が2作目。

亡くなった人が、あなたに知ってほしい40の真実

2023年6月20日　第1刷発行
2023年6月30日　第2刷発行

著　者　サトミ
発行人　見城 徹
編集人　福島広司
編集者　四本恭子

GENTOSHA

発行所　株式会社 幻冬舎
〒151-0051　東京都渋谷区千駄ヶ谷4-9-7

電話　03(5411)6211(編集)
03(5411)6222(営業)
公式HP:https://www.gentosha.co.jp/
印刷・製本所　中央精版印刷株式会社

検印廃止

ISBN978-4-344-04076-2　C0095

この本に関するご意見・ご感想は、
下記アンケートフォームからお寄せください。
https://www.gentosha.co.jp/e/